비행기의 모든 것

한국항공우주연구원 안석민·구삼옥·권기정 지음

홍원표 그림

항공우주 과학자가 들려주는
비행기의 모든 것

찰리북

추천하는 글

비행기의 미래는
여러분에게 있습니다!

『비행기의 모든 것』은 우리나라의 대표 항공우주 연구기관인 한국항공우주연구원에서 항공기 분야를 맡고 있는 연구자분들이 함께 쓴 책입니다. 비행기를 포함한 항공기의 역사부터 엔진 구조 같은 전문적인 내용까지 어린이들의 눈높이에 맞게 쉽게 쓰여 있습니다. 그리스 신화에 등장하는 이카로스의 날개, 최초의 비행기를 발명한 라이트 형제, 가까운 미래의 자가용 비행기 등 어린이들이 비행기 하면 궁금해할 법한 많은 지식들을 지루하지 않게 흥미진진한 이야기로 담아 놓았습니다.

어린이 여러분은 누구나 한 번쯤은 종이비행기를 접어서 날려 보았겠지요. 더 멀리, 더 오래 날리기 위해 이렇게도 접어 보고 저렇게도 접어 보았을 겁니다. 또, 무겁고 커다란 비행기가 하늘을 나는 모습을 보면서 저 비행기가 어떻게 해서 날아다닐 수 있는지, 누가 저 비행기를 만들어 냈는지 알고 싶었을 겁니다. 이런 궁금증을 갖고 있는 어린이들에게 정말 도움이 될 좋은 책으로 이 책을 추천합니다.

우리 인류는 멀고 먼 옛날부터 새들처럼 하늘을 날기를 간절히 꿈꾸었습니다. 그 꿈은 현실이 되어 이제 우리는 지구 어느 곳이나 비행기로 날아갈 수 있는 세상에 살고 있습니다. 비행기를 타고 멀리 어디론가 가 보고 싶은 어린이 여러분이라면 이 책을 펼친 순간, 손에서 놓지 못할 거라고 생각합니다. 그다음 페이지에는 또 어떤 흥미로운 내용이 나올까 궁금해서 계속 페이지를 넘기게 될 겁니다.

2019년 설립 30주년을 맞은 한국항공우주연구원은 그동안 대한민국의 항공우주 과학 기술을 주도해 왔습니다. 이 책을 쓴 저자들은 그 역사의 한 축을 맡았던 주역들입니다. 앞으로 다가올 미래의 주역은 바로 여러분이 될 수 있습니다. 이 책을 통해서 비행기에 대한 여러분의 궁금증을 해결하고 하늘을 향한 여러분의 미래를 그려 보세요. 미래의 주인공이 될 어린이 여러분에게 꿈과 희망을 심어 줄 좋은 책이라 확신합니다.

임철호(한국항공우주연구원 전 원장)

들어가는 글

하늘을 향한 꿈을 가지세요!

　이 책은 비행기에 호기심을 가진 어린이들을 위한 책입니다. 하지만 평소 비행기에 그다지 관심이 없었던 어린이라 해도 이 책을 읽다 보면 비행기에 대해 더 알고 싶다는 생각이 들 거예요. 그만큼 비행기는 알면 알수록 참 재미있거든요.
　이 책에는 비행기와 관련된 다양한 지식들이 담겨 있답니다. 비행기가 어떤 원리로 하늘로 떠오르고, 방향을 바꾸며, 목적지를 찾아가는지도 나와 있어요. 가장 빠른 비행기, 가장 큰 비행기, 적의 눈에 띄지 않는 비행기, 대통령이 타는 비행기 등 특별한 비행기에 대해서도 나와 있고요. 날개, 조종실, 화장실 등 비행기의 각 부분에는 어떤 과학 기술이 숨어 있는지도 나와 있지요. 또한 각 장의 뒷부분에 있는 '아하, 그렇구나'라는 코너에는 본문에서 미처 다 풀어내지 못한 흥미로운 내용들을 넣었어요.

 이 책을 읽다 보면 어렵게 느껴지는 단어도 간혹 있을 거예요. 그럴 때는 일단 그 단어를 표시해 두고 책을 계속 읽어 나가세요. 책을 다 읽은 다음에, 표시해 둔 그 단어를 다시 읽어 보면 이해가 될 거예요.

 마지막 7부에는 '미래에는 어떤 방식으로 하늘을 날게 될까'라는 궁금증에 대한 답이 들어 있어요. 지금 개발되고 있는 비행기나 앞으로 개발될 전혀 새로운 비행기도 소개되어 있고요. 비행기의 미래는 이 책을 읽는 여러분이 만들어 나가게 될 거예요.

 저희가 이 책을 쓴 목적은 하나예요. 바로, 여러분에게 하늘을 향한 꿈을 심어 주는 것이지요. 그 꿈은 비행기를 직접 조종하겠다는 꿈일 수도 있고, 비행기를 직접 개발하겠다는 꿈일 수도 있겠지요. 나만의 비행기를 가지겠다는 꿈일 수도 있고, 특이한 비행기를 타 보겠다는 꿈일 수도 있을 거예요. 그 꿈을 이루기 위해 여러분이 더 많은 호기심을 가지게 되었으면 해요. 비행기 자체에 대한 호기심이든, 과학이나 영어에 대한 호기심이든 다 좋아요. 호기심을 많이 가지는 것은 정말 중요하거든요.

 오래전 저희도 하늘을 향한 꿈을 마음속에 품었지요. 저희가 가졌던 그 꿈이 이 책을 통해 많은 어린이들에게 전해지기를 바랍니다.

2019년 봄
안석민, 구삼옥, 권기정

차례

추천의 글 • 4
들어가는 글 • 6

1부 하늘을 날기 위해 애쓴 사람들
비행기의 역사

사람도 새처럼 훨훨 날 수 있을까? • 12
최초의 비행기, 라이트 플라이어 • 17
전쟁 덕분에 비행기가 발전했다? • 21
우리나라에서 만든 비행기 • 26

2부 무거운 비행기가 어떻게 높이 날아오를까?
비행기가 하늘을 나는 원리

비행기와 항공기는 다르다? • 32
비행기가 위로 떠오르는 비결 • 37
위아래로 좌우로, 비행기를 움직이게 하는 장치 • 40
제자리에서 수직으로 떠오르는 헬리콥터 • 46
종이비행기를 멀리 날리려면? • 50

3부 엔진부터 화장실까지, 비행기의 요모조모
비행기를 이루는 여러 가지 과학 기술

비행기의 심장, 엔진 • 56
비행기는 얼마나 빨리 날 수 있을까? • 61
비행기가 높은 곳에서 나는 이유 • 66
비행기를 가볍게 만드는 기술 • 70
비행기가 다이어트를 한다? • 74
하늘에서는 뚱뚱, 땅에서는 홀쭉 • 78
비행기 화장실에 숨은 비밀 • 82

4부 목적지까지 안전하게
비행기가 무사히 날기 위한 기술과 규칙

V1, V1, 이륙하라! • 88
비행기는 하늘에서 어떻게 길을 찾을까? • 92

비행기를 위한 신호등도 있을까? • 98
비행기끼리 부딪치지 않으려면? • 104
비행기 엔진이 고장 나면 어떻게 될까? • 110
첫째도 안전, 둘째도 안전 • 114
하늘 위의 생명줄, 산소마스크 • 118

5부 사람이 타지 않는 비행기가 있다고?
무인 비행기의 세계

땅에서 조종하는 비행기 • 124
무인기를 어떻게 조종할까? • 130
웬 날개가 저렇게 많지? • 136
무인기가 농사도 척척 • 140

6부 이런 비행기, 한 번쯤 타 보고 싶다
세상의 별별 비행기

대통령의 비행기는 뭐가 다를까? • 148
가장 큰 비행기 • 151
적의 눈에 띄지 않는 전투기 • 155
사람의 힘만으로 날 수 있는 비행기 • 159
햇빛만으로 날 수 있는 비행기 • 163
좌우 비대칭 비행기 • 167

7부 비행기를 타고 우주까지 휙
비행기의 미래

조종사가 되고 싶다면 • 174
비행기 만드는 사람이 되고 싶다면 • 178
서울에서 아침 식사를, 뉴욕에서 점심 식사를 • 183
개인용 항공기가 있다면 교통 체증 걱정 끝! • 187
우주여행도 비행기로 • 191
에어쇼에 가자! • 195

찾아보기처 • 200
이미지 제공 및 출처 • 203

하늘을 날기 위해 애쓴 사람들

1부

비 행 기 의 역 사

매일매일 수많은 비행기가 하늘에서 오가요. 하지만 인류가 자유롭게 비행기를 타고 다니게 된 것은 그리 오래된 일이 아니랍니다. 지금과 같은 비행기가 탄생하기까지 어떤 사람들이 어떤 노력을 기울여 왔을까요?

사람도 새처럼 훨훨 날 수 있을까?

아주 먼 옛날부터 사람들은 새처럼 하늘을 날고 싶어 했어요. 그래서 신화나 전설 속에는 하늘을 나는 사람들이 종종 등장하곤 하지요. 그중에서도 가장 유명한 것은 아마도 그리스 신화에 나오는 이카로스 이야기일 거예요.

뛰어난 건축가로 이름을 날리던 다이달로스는 크레타의 미노스 왕을 위해 미궁를 만들었어요. 한번 들어가면 누구도 영원히 빠져나오지 못하는 미궁이었지요. 그런데 그만 다이달로스 자신이 아들 이카로스와 함께 이 미궁 안에 갇히고 말았어요. 미궁의 출구를 찾는 것은 불가능했기에 다이달로스는 위로 날아서 탈출하기로 결심하고, 새의 깃털을 밀랍으로 몸에 붙여 날개를 만들었어요.

밀랍은 높은 온도에서는 녹아 버리는 성질이 있어요. 이 점을 걱정한 다이달로스는 아들 이카로스에게 경고했어요.

"너무 높이 날아오르지 마라. 너무 높이 날면 태양의 열기에 날개의 밀랍이 녹아서 떨어지고 만다."

그런데 이카로스는 하늘을 날다 보니 너무도 신이 난 나머지 높이 날아올랐지요. 뜨거운 햇살에 밀랍이 녹아 깃털이 모두 흩어지는 것도 알아채지 못하고 말이에요. 결국 다이달로스는 하늘을 날아 무사히 도망치는 데 성공하지만 이카로스는 그만 바닷속으로 떨어져 목숨을 잃었답니다. 사람들은 이카로스의 이름을 따서 이 바다를 이카리아해라고 부르게 되었다고 해요.

현실에서도 많은 사람이 하늘을 날기 위해 시도해 왔어요. 서기 852년에는 아랍의 발명가인 이븐 피르나스가 독수리 깃털로 만든 옷

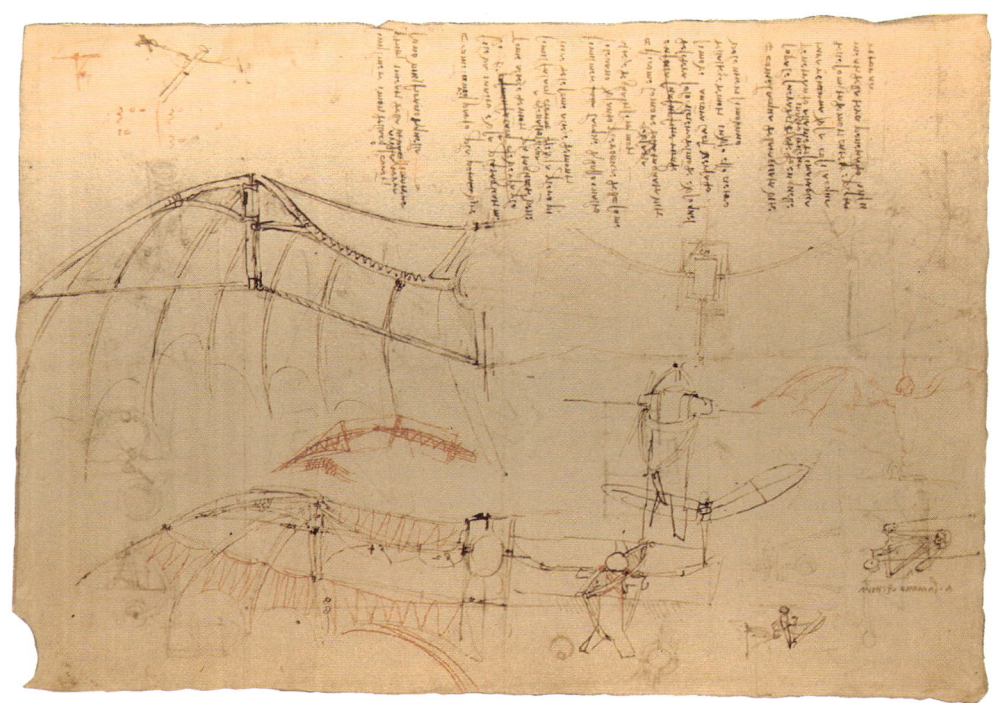
레오나르도 다빈치의 비행 장치 스케치

을 입고 높은 탑에서 뛰어내렸어요. 그는 잠시 공중을 나는 듯했지만 결국 땅에 떨어져 크게 다쳤지요. 또 1010년에는 영국의 수도사인 에일머가 직접 만든 날개를 달고 수도원에서 뛰어내렸어요. 그 결과, 그는 절름발이가 되고 말았지요.

르네상스 시대의 유명한 화가인 레오나르도 다빈치는 여러 기발한 물건들을 만들어 낸 천재적인 발명가이기도 했어요. 그는 새의 날개처럼 퍼덕이는 비행 장치도 만들었고, 오늘날의 헬리콥터와 비슷한 나선 형태의 비행 장치도 설계했어요. 하지만 실제로 하늘을 나는 데는 성공하지 못했어요.

그때까지 사람들이 새가 하늘을 나는 원리를 흉내 내려 한 데 비해, 프랑스의 몽골피에 형제는 다른 방식을 이용했어요. 모닥불의 뜨거운 공기가 가벼운 물체를 위로 뜨게 하는 것을 보고 영감을 얻어 열기구를 발명해 낸 거예요. 1783년 몽골피에 형제가 만든 열기구 '레베이용 호'는 두 명을 태우고 900미터 높이까지 올라가 25분 동안 하늘에 떠 있었어요. 1800년대에는 영국의 과학자인 조지 케일리가 날개에

몽골피에 형제의 열기구 '레베이용 호'를 그린 당시의 그림

대한 연구에 몰두해 새로운 아이디어를 냈어요. 새처럼 날개를 움직이는 것이 아니라 날개를 고정시키는 것이었지요. 이 아이디어에 따라 그는 글라이더를 만들었는데, 이 글라이더는 사람을 태운 채 계곡 하나를 건널 정도로 제법 오랫동안 날 수 있었어요.

하지만 몽골피에 형제의 열기구도, 조지 케일리의 글라이더도 엄밀히 말해 비행기는 아니었어요. 비행기는 자유롭게 방향을 바꾸며 하늘을 날 수 있어야 하는데 열기구와 글라이더는 그렇지 못했거든요.

항공 박물관

비행기의 역사에 관심이 있다면 항공 박물관을 찾아가 보세요.

제주 항공우주박물관은 제주도의 서쪽 지역에 위치하고 있어요. 항공역사관에서 비행기의 원리를 이해할 수 있고 야외 전시실에서 실제 항공기도 볼 수 있어요. 경상남도 사천시에 있는 사천 항공우주박물관은 비행기의 역사를 알 수 있는 것은 물론이고, 일부 항공기는 영상으로 조종 체험을 할 수도 있어요. 또한 김포공항에 국립항공우주박물관이 문을 열어서 우리나라의 중요한 비행기들을 실물로 볼 수도 있고 체험도 할 수 있답니다.

외국에 있는 항공 박물관 중에서 가장 규모가 큰 것들은 미국에 있어요. 미국에서도 가장 크고 오래된 항공 박물관은 라이트 형제의 고향인 오하이오주 데이턴에 있는 라이트패터슨 공군 박물관이에요. 이 박물관에는 각종 비행기가 300여 기, 비행기 관련 물품이 6000여 점이나 있어요. 미국의 수도인 워싱턴 근교에 있는 스미소니언 항공우주박물관도 유명해요. 라이트 형제가 최초의 비행에 성공한 바로 그 비행기 '라이트 플라이어'가 전시되어 있지요.

최초의 비행기, 라이트 플라이어

　세계 최초로 비행기를 만들어 비행에 성공한 주인공, 바로 라이트 형제랍니다. 형인 윌버 라이트는 1867년, 동생인 오빌 라이트는 1871년에 미국 오하이오주의 데이턴이라는 작은 도시에서 태어났어요. 어느 날 아버지가 회전 날개가 달린 장난감을 사 주었는데, 어린 라이트 형제는 그 장난감을 가지고 놀며 비행에 대해 관심을 품게 되었다고 해요.

　어른이 된 라이트 형제는 함께 자전거 가게를 운영했어요. 자전거를 판매하고 수리할 뿐 아니라 직접 자전거를 만들기도 했지요. 그러다 라이트 형제는 독일의 오토 릴리엔탈이라는 기술자가 자신이 만든 글라이더를 타다가 추락해 사망한 사건을 접했어요. 이 사건을 계기로 라이트 형제는 본격적으로 비행기 발명에 도전하게 되었어요.

　마침내 1903년 12월 17일, 미국 노스캐롤라이나주의 키티호크라

(위) 형인 윌버 라이트
(아래) 동생인 오빌 라이트

는 섬에서 라이트 형제는 인류 역사에서 아주 중요한 일을 해내게 돼요. 동생인 오빌 라이트가 탄 비행기가 12초 동안 36.5미터를 날아간 것이지요. 이 비행기의 이름은 라이트 플라이어였어요.

그날 라이트 형제는 두 번의 비행을 더 했고 동생과 형이 번갈아 가면서 각각 53미터, 61미터를 날았어요. 이 최초의 비행을 지켜본 사람은 라이트 형제가 증인으로 부른 다섯 명뿐이었어요.

그런데 키티호크는 라이트 형제가 살던 도시 데이턴으로부터 약 900킬로미터나 떨어진 곳이에요. 라이트 형제는 왜 굳이 그 먼 곳까지 가서 비행을 했을까요? 그것은 바로 바람 때문이었어요. 라이트 형제는 거센 바람이 일정하게 부는 장소에서 비행기를 날리고 싶었어요. 라이트 형제가 그런 장소를 찾기 위해 기상청에 문의하자 기상청에서 몇몇 지역을 추천해 주었는데, 그중 그나마 가장 가까운 곳이 키티호크였던 거예요.

더구나 키티호크는 무척 한적한 곳이라서 외부 사람들의 눈에 띄지 않고 비행할 수 있다는 점도 라이트 형제의 마음에 들었어요. 그 무렵 라이트 형제는 비행기 기술을 도둑맞을까 봐 무척 조심했거든요.

1903년 12월 17일 라이트 형제의 첫 비행

오늘날 우리는 최초의 비행기 하면 라이트 형제를 맨 먼저 떠올리곤 해요. 라이트 형제가 최초의 비행기를 만들 수 있었던 것은 하늘에서 비행기를 조종하는 원리를 터득해 낸 덕분이었어요. 하지만 라이트 형제가 혼자서 갑자기 이 원리를 알아낸 것은 아니에요. 라이트 형제 이전에도, 또 라이트 형제와 같은 시대에도 많은 사람들의 연구와 실험이 있었기에 라이트 형제가 비행기의 원리를 터득하고 마침내 비행기를 개발할 수 있었던 것이랍니다. 비행기의 역사에는 수많은 사람의 노력이 숨어 있다는 사실을 잊어서는 안 되겠지요?

라이트 형제가 돈을 못 번 까닭

윌리엄 보잉

우리는 세상에 널리 알려진 기발한 발명을 한 사람들을 보면 "엄청난 부자가 되었겠다!" 하고 부러워하지요. 하지만 훌륭한 발명을 하고도 돈을 많이 벌지 못한 경우가 무척 많아요. 라이트 형제도 그런 경우랍니다. 최초로 비행기를 만들기는 했지만, 특허를 지키는 데만 급급한 나머지 더 나은 비행기를 개발하는 데 소홀했거든요. 결국 라이트 형제가 세운 회사는 그다지 성공하지 못했어요. 그러는 사이 윌리엄 보잉이라는 사람은 자신의 이름을 따서 '보잉'이라는 비행기 제작 회사를 설립하고 여러 종류의 비행기를 개발해 큰 돈을 벌어들였어요. 오늘날 우리가 타는 비행기 중에도 보잉 사가 만든 것이 많답니다.

물론 자신의 발명을 특허로 등록하고 지키는 것도 중요해요. 하지만 그것에만 너무 연연하다 보면 새로운 기술을 따라가지 못해 실패할 수도 있지요.

전쟁 덕분에 비행기가 발전했다?

"에~엥! 에~엥!"

"빨리 안전한 곳으로 대피하십시오!"

온 도시에 커다란 사이렌 소리가 울려 퍼져요. 시민들은 황급히 지하 대피소로 숨어요. 전투기들이 떨어뜨리는 폭탄이 여기저기서 쾅쾅 터져요. 건물들이 폭탄에 맞아 허물어져요. 시민들은 덜덜 떨며 전투기가 어서 지나가기만을 기도해요. 전쟁 영화에서 종종 볼 수 있는 광경이에요.

20세기 초반에 인류는 큰 규모의 전쟁을 두 번이나 치렀어요. 바로 제1차 세계 대전과 제2차 세계 대전이에요. 수많은 사람이 전쟁에서 희생되었어요.

그런데 이토록 비극적인 전쟁이 과학 기술에는 큰 도움이 되었지 뭐예요. 더 뛰어난 무기를 만들기 위해 여러 나라가 서로 경쟁하다 보

제1차 세계 대전에서
활약한 S.E.5a

니 과학 기술이 눈부시게 발전한 거예요. 그 과정에서 비행기 역시 더욱 뛰어난 성능을 갖추게 되었지요.

제1차 세계 대전이 일어난 1914년은 라이트 형제가 첫 비행에 성공한 지 불과 11년밖에 지나지 않았을 때였어요. 하지만 이미 비행기는 전쟁에서 없어서는 안 되는 존재가 되어 있었어요. 처음에는 적군을 관찰하는 정찰기나 아군끼리 연락을 취하는 연락기가 쓰였어요. 그러다 점차 적군에게 직접 공격을 가하는 전투기로 발전해 나갔지요.

제2차 세계 대전은 1939년에 일어났어요. 이때는 그 이전과는 비교도 할 수 없을 정도로 빠른 속도를 가진 전투기가 등장했어요. 제1차 세계 대전에서 쓰인 전투기는 최고 속도가 기껏해야 시속 200킬로미터 정도였는데 제2차 세계 대전에서 쓰인 전투기는 최고 속도가 시속 800킬로미터나 되었지요. 제트 엔진이 개발된 덕분이었어요.

두 번의 세계 대전이 끝난 이후로도

제2차 세계 대전에서 활약한
스피트파이어

전투기 개발은 끊임없이 이루어져 왔어요. 1946년에는 X-1이라는 전투기가 음속을 돌파해 초음속으로 날아간 최초의 비행기로 기록되었어요. 1981년에는 적의 레이다에 잘 잡히지 않는 스텔스기가 최초로 선보였어요. 요즘은 사람이 타지 않는 무인 전투기가 만들어지고 있답니다.

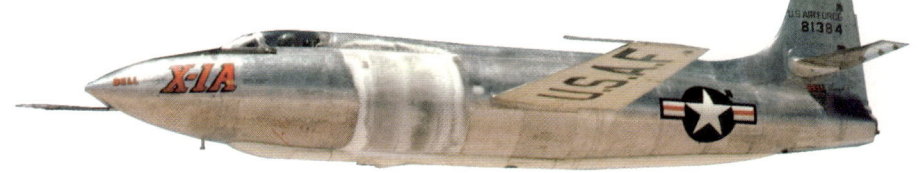

최초로 음속을 돌파한 X-1. 실험용으로 만들어진 전투기였기에 실제 전쟁에 나가지는 않았어요.

전투기 조종사가 입는 특수한 옷

여객기 조종사는 일반적인 유니폼을 입어요. 하지만 전투기 조종사는 반드시 특수한 조종복을 입어야 해요. 전투기는 여객기보다 더 빠르게 나는데 크기는 더 작다 보니 조종사가 산소 부족을 겪거나 우주에서 오는 해로운 전파를 받을 위험이 있거든요.

전투기 조종복에서 가장 중요한 기능은 지-수트라는 것이에요. 여기서 지(G)가 의미하는 것은 중력(gravity)이에요. 전투기가 무척 빠른 속도로 방향을 바꾸다 보면 조종사는 자기 몸무게의 몇 배나 되는 중력을 견뎌야 해요. 그럴 때면 온몸의 피가 다리 쪽으로 몰리게 되고, 머리에 피가 부족해진 조종사는 정신을 잃게 돼요. 지-수트는 이런 일이 생기지 않도록 조종사의 머리에서 피가 너무 많이 빠져나가는 것을 막아 줘요. 이 외에도 전투기 조종복에는 지나치게 강한 햇빛을 막아 주는 기능, 물에 빠졌을 때 떠 있게 해 주는 기능 등이 있어요.

재미있는 사실! 전투기 조종복에는 단추가 하나도 없어요. 열고 닫는 부분이 모두 지퍼로 되어 있지요. 왜 그럴까요? 혹시라도 단추가 떨어져서 비행기 구석으로 숨어 들어갔다가 비행기에 고장을 일으킬까 봐 그런 거예요.

지-수트(상체)
머리에 피가 부족해지지 않도록
심장의 펌프질을 도와줘요.

자동형 구명대
물에서 떠 있게 해 줘요.

지-수트(하체)
피가 다리로 쏠리는 것을
방지해 줘요.

헬멧
공기가 희박할 때 산소를 추가로
공급해 주고 강한 햇빛으로부터
시력을 보호해 줘요.

산소 공급 마스크
필요할 때 강제로 산소를
폐에 공급해 줘요.

공기 압력 자동 유입구
중력이 높아지면 자동적으로
공기를 공급하는 연결 부위예요.

우리나라에서 만든 비행기

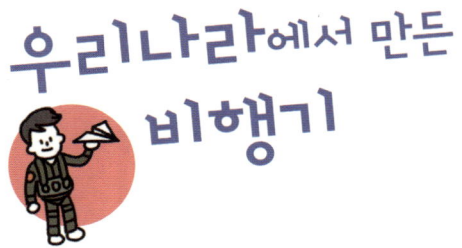

어쩌면 조선 시대에 비행기가 만들어졌는지도 몰라요. 정평구라는 사람이 라이트 형제보다 약 300년 앞선 1590년에 '비거'라는 것을 만들었다더라 하는 기록이 남아 있거든요. 비거란 하늘을 나는 수레라는 뜻이에요. 안타깝게도 기록이 자세하지 않아서 비거의 존재는 공식적으로 인정받지 못하고 있어요.

오늘날의 기준에 맞는 진짜 비행기로 따지자면 우리나라 최초의 비행기는 무엇일까요? 바로 '부활호'예요. 연락기나 정찰기로 활동한 작은 비행기로, 6·25 전쟁이 휴전한 직후인 1953년 가을에 완성되었지요. 부활호는 세월이 지나 한동안 자취를 감추었다가 2004년 부활호의 일부가 발견되어 문화재로 등록되었어요.

우리나라에서 비행기 개발은 1989년 한국항공우주연구원이 설립되면서 본격적으로 이루어지기 시작했어요. 한국항공우주연구원은

까치호

쌍발복합재료항공기

 항공 기술이 비행기 개발뿐 아니라 자동차나 기계 등 다른 분야에도 큰 도움이 될 것이라 판단하고 많은 노력을 기울였어요. 1990년대에는 '까치호'라는 비행기를 개발하기도 하고 대전 엑스포에서 무인 비행선을 만들어 띄우기도 했어요. 1997년에는 한국항공우주연구원이 처음 개발한 유인 항공기인 '쌍발복합재료항공기'가 성공적으로 비행했어요. 8인승인 이 비행기는 엔진이 두 개 달렸고 복합재로 만들어져서 이와 같은 이름이 붙었지요.

 한국한공우주연구원은 기술을 더 발전시켜 2001년 '반디호'를 탄생시켰어요. 이 비행기는 4인승이고 최대 속도는 시속 320킬로미터랍니다. 꼬리날개가 앞쪽에 달려 있는 특별한 모양이라서 참 멋스럽지요. 반디호는 미국에서 남극까지 비행하기도 했어요.

 이 외에도 지금까

반디호

나라온

지 여러 비행기가 우리나라에서 개발되었어요. 한국항공우주연구원 외에도 비행기 개발 업체가 여러 군데 생겼고요. KT-1은 공군 조종사들의 초등 훈련용으로 만들어진 비행기예요. T-50은 공군 조종사들의 고등 훈련용으로 만들어진 비행기인데 전투기로 사용할 수도 있어요. '나라온'이라고도 불리는 KC-100은 4인승 비행기예요. 최근에는 KLA-100이라는 2인승 비행기가 선보였어요. 헬리콥터로는 수리온이 있어요. 군사적인 용도로 사용할 수도 있지만 경찰의 감시용, 119 구조대의 구급용으로 사용하는 것도 가능해요.

최근에 한국항공우주연구원은 무인기를 개발하는 데도 힘쓰고 있어요. 2011년 첫 비행에 성공한 '스마트 무인기'는 활주로가 없어도 수직으로 이륙하고 착륙할 수 있지요. 앞으로 더욱 다양한 비행기가 우리나라에서 만들어질 거예요.

스마트 무인기.
더 자세히 알아보고 싶다면 127쪽을 보세요.

우리나라가 수출하는 비행기

페루 공군의 KT-1

우리나라도 어엿한 비행기 수출국이랍니다. 앞에서 살펴본 반디호는 미국에 수출된 적이 있지요. 군용기인 KT-1은 인도네시아, 페루, 세네갈, 터키에 수출되었고, 역시 군용기인 T-50은 인도네시아, 이라크, 태국, 필리핀에 수출되었어요. 외국의 공군 조종사들이 우리나라 비행기를 탄다니 참 신기하지요?

지금도 우리나라는 보다 많은 비행기를 수출하기 위해 계속해서 노력하고 있어요. 비행기를 수출하면 경제적 이익이 될 뿐 아니라, 우리나라의 뛰어난 기술력을 세계에 알리는 기회가 되기도 하지요.

인도네시아 공군의 T-50

2부

무거운 비행기가 어떻게 높이 날아오를까?

비행기가 하늘을 나는 원리

새들은 두 날개를 힘차게 퍼덕여서 이쪽저쪽으로 자유롭게 날아다녀요. 하지만 비행기가 하늘을 나는 원리는 새와는 조금 다르지요. 그 원리를 이해하기 위해서는 먼저 비행기라는 것의 정의부터 확실히 해 둘 필요가 있답니다.

비행기와 항공기는 다르다?

우리는 하늘을 날아다니는 탈것을 보면 비행기라고 부르곤 해요. 그런데 항공기라는 표현도 있어요. 비행기와 항공기, 어떻게 다른 것일까요? 편하게 그냥 다 비행기라고 부르면 안 될까요?

비행기와 항공기의 관계를 동물에 빗대어 설명해 볼게요. 개와 고양이는 모두 다리가 네 개이고 눈이 두 개이고 몸이 털로 덮여 있고 긴 꼬리가 달려 있어요. 하지만 개를 고양이라고 부르지 않고 고양이를 개라고 부르지도 않아요. 서로 다른 뚜렷한 특징을 가지고 있기 때문이에요.

하지만 개와 고양이를 모두 아울러서 부를 수 있는 이름이 있어요. 바로 '동물'이에요. 개도 동물이고 고양이도 동물이잖아요. 이와 같이 항공기는 하늘을 날도록 사람이 만든 장치를 모두 아울러서 부르는 말이에요.

동물에 개, 고양이 등 여러 종류가 있듯이 항공기에도 여러 종류가 있어요. 일단 항공기는 '공기보다 가벼운 항공기'와 '공기보다 무거운 항공기'로 나눌 수 있어요. 공기보다 가벼운 항공기로는 열기구와 비행선이 있어요. 열기구는 뜨거운 공기를 채워서, 비행선은 헬륨과 같이 공기보다 가벼운 기체를 채워서 공중에 뜨지요. 열기구와 비행선 외에는 거의 다 공기보다 무거운 항공기라고 보면 돼요.

공기보다 무거운 항공기 중에서 날개가 고정되어 있어 움직이지 않고, 그 날개에 빠른 속도로 부딪히는 공기의 힘을 이용해 공중에 떠오르며, 공중에서 스스로 이동할 수 있도록 엔진 등의 동력 장치를 가지고 있는 항공기가 바로 비행기예요. 많은 사람이 항공기와 비행기의 의미를 잘 구별하지 않고 섞어서 쓰지만 사실 비행기는 항공기의 한 종류라는 점, 잘 기억해 두세요.

공기보다 무거운 항공기 중에서 비행기와 비슷한 날개를 가지고 있지만 동력 장치를 가지고 있지 않은 항공기는 글라이더 또는 활공기라고 해요. 예를 들어, 고무 동력기는 고정된 날개와 고무 엔진이 있으니 비행기예요. 하지만 종이비행기는 고정된 날개는 있지만 동력 장치가 없으니 글라이더지요. 비록 이름에는 '비행기'가 들어가 있지만 엄밀히 말하면 비행기가 아

비행기는 항공기의 한 종류라는 점, 잘 기억해 두세요.

닌 거예요.

공기보다 무거운 항공기를 '고정익 항공기'와 '회전익 항공기'로 나누기도 해요. 고정익 항공기는 날개가 고정된 항공기라는 뜻이에요. 비행기와 글라이더가 여기에 속해요. 회전익 항공기는 날개가 회전하는 항공기라는 뜻이에요. 대표적인 회전익 항공기가 헬리콥터예요. 헬리콥터는 긴 날개를 빙빙 돌려서 그 힘을 이용해 공중으로 떠오르잖아요.

이제 여러분은 아무 항공기나 가리키며 "와, 비행기다!"라고 하지 않겠지요? 비행기와 항공기가 어떻게 다른지 알았으니까요.

그럼 이 질문에 답해 보세요. 로켓과 미사일은 항공기일까요? 로켓과 미사일도 분명 공중으로 떠올라 하늘을 나니까 항공기라고 할 수 있지 않을까요?

답은 "아니다"예요. 로켓과 미사일은 비행체로 분류돼요. 비행체라는 것은 '하늘을 나는 기계' 정도의 의미지요.

질문을 하나 더 해 볼게요. 항공기는 비행체일까요?

답은 "그렇다"랍니다. 비행기가 항공기의 일부이듯이, 항공기는 비행체의 일부예요.

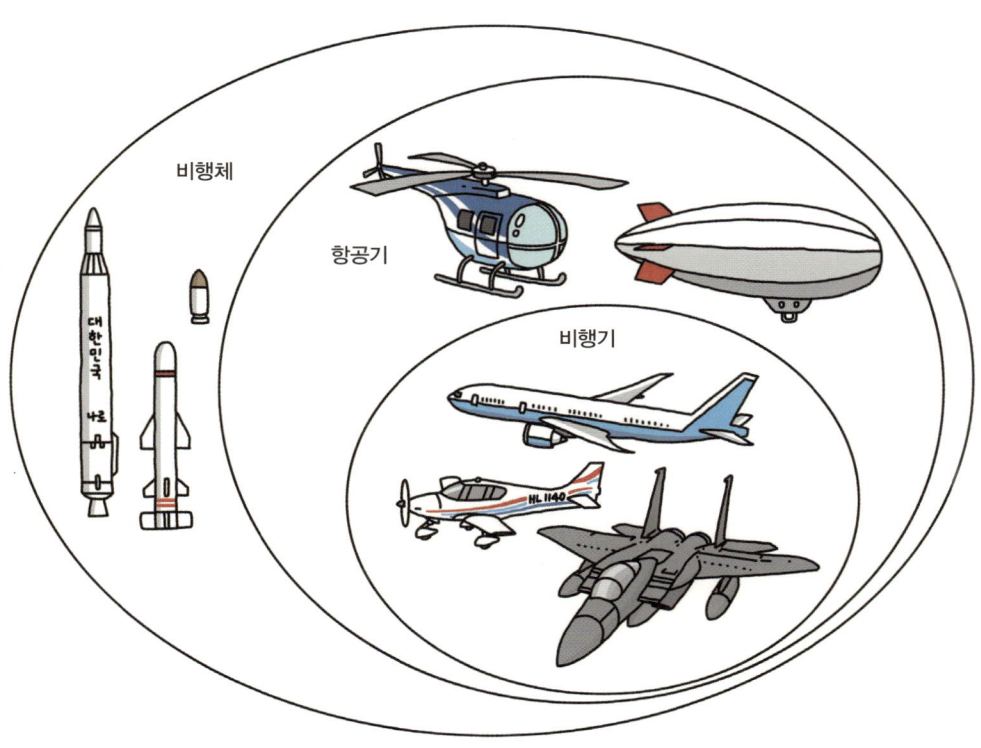

우리나라가 만든 우주발사체, 나로호와 누리호

나로호

누리호

　비행체 중에서도 우주로 나아가는 로켓을 우주발사체라고 해요. 주로 우주선이나 인공위성을 우주로 보내는 역할을 하지요.

　우리나라 최초의 우주발사체는 한국항공우주연구원이 개발한 나로호예요. 우주발사체를 개발하는 것은 결코 쉬운 일이 아니에요. 나로호는 두 번의 발사 실패라는 아픔을 겪기도 했지요. 하지만 나로호를 만드는 사람들은 포기하지 않았어요. 2013년 1월 30일 드디어 나로호는 성공적으로 우주에 진입했고, 나로호가 싣고 간 나로과학위성 역시 무사히 임무를 시작했답니다. 나로호가 일부 외국의 기술을 사용한 것이 아쉬웠던 연구원들은 더욱 노력하여 순수 우리의 기술로 누리호를 개발하였답니다. 누리호는 실패의 아픔을 한 번 겪었지만 2022년 6월 21일에 결국 성공을 해냈답니다. 나로호와 누리호가 발사된 곳은 전라남도 고흥군에 있는 나로우주센터예요. 이곳에 가면 나로호를 실물 크기로 재현해 놓은 모형을 만날 수 있어요.

비행기가 위로 떠오르는 비결

 비행기는 아무리 작은 것이라도 새보다 훨씬 무겁지요. 그렇게 무거운 비행기가 어떻게 하늘을 자유롭게 날아다닐 수 있는지 참 신기하지요? 대체 어떤 힘이 비행기를 공중으로 떠오르게 해 주는 것일까요? 그 힘의 비밀은 바로 공기에 있답니다.

 땅에 서 있던 비행기가 빠른 속도로 앞으로 나아가요. 그러면 비행기 앞에 있던 공기들이 비행기의 아래쪽으로 밀려나요. 이때 비행기 날개의 윗면과 아랫면에는 서로 다른 압력이 작용하게 돼요. 날개 아랫면에는 공기의 압력보다 높은 압력이 작용하지요. 이 압력을 '정압'이라고 해요. 반대로 날개 윗면에는 공기의 압력보다 낮은 압력이 작용하게 돼요. 압력이 마이너스인 상태라고 보면 되지요. 이 압력을 '부압'이라고 해요. 이 압력의 차이로 인해 비행기를 위로 떠미는 힘이 생겨나요. 이 힘을 '양력'이라고 해요.

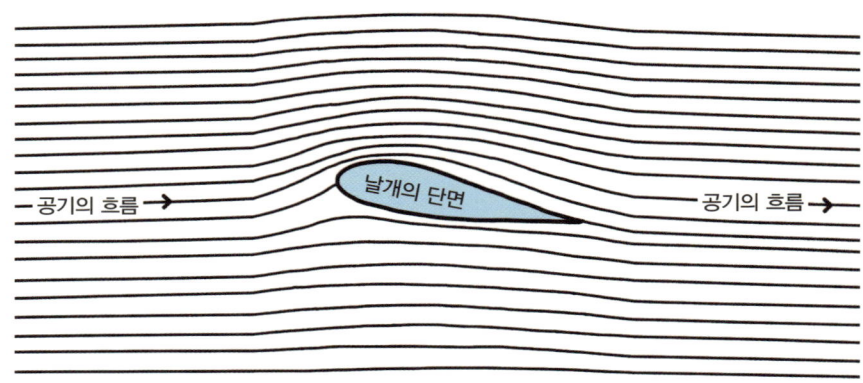
양력이 생기는 원리.
날개 위쪽에는 부압이, 날개 아래쪽에는 정압이 작용하고 있는 모습이에요.

그래서 양력은 비행기 날개의 모양에 따라 차이가 나요. 오늘날 비행기에 달린 날개를 살펴보면 대부분 윗면은 약간 볼록하게 솟아 있고 아랫면은 거의 평평해요. 비행기 날개가 이와 같은 모양일 때 양력이 더욱 커져서 비행기가 위로 뜨기가 더 쉽기 때문이에요.

비행기의 속도도 양력에 큰 영향을 미쳐요. 비행기가 빠른 속도로 움직여야 양력이 충분히 생길 수 있거든요. 만약 하늘을 날던 비행기가 정해진 기준 이하로 속도를 줄이면 날개에 작용하던 양력이 사라져서 추락하고 말 거예요.

그렇다면 비행기가 이륙할 때와 착륙할 때는 속도가 느린데 어떡하냐고요? 비행기 날개 뒤쪽에 플랩이라는 장치가 있어요. 플랩이 아래쪽으로 숙여져서 비행기 날개 윗면이 더 볼록해지는 효과를 내면 비행기 속도가 느려도 양력이 충분히 생길 수 있지요(플랩에 대해 더 알고 싶으면 90쪽을 보세요).

공기의 무게

가로, 세로, 높이가 각각 1미터이고 무게는 0킬로그램인 상자가 있다고 가정해 봐요. 이 상자 안이 진공 상태일 때의 무게와 공기가 들어 있을 때의 무게를 비교해 보면 어떤 결과가 나올까요? 진공 상태의 상자를 저울에 올려놓고 저울의 바늘을 0으로 맞추어 놓아요. 그런 다음 상자 안에 공기를 채워 넣어요. 그러면 저울의 바늘은 1.23킬로그램을 가리킬 거예요. 즉, 공기의 무게는 1세제곱미터(m^3)에 1.23킬로그램인 것이지요.

이 무게는 평소 우리 주위에 있는 공기의 경우예요. 만약 온도가 올라가거나 압력이 낮아지면 공기는 부피가 커지고 무게가 가벼워지지요. 그래서 1.23킬로그램과 다른 결과가 나올 거예요.

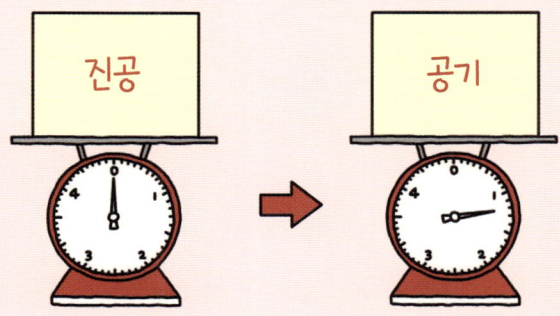

위아래로 좌우로, 비행기를 움직이게 하는 장치

조종사는 비행기를 원하는 방향으로 마음대로 움직일 수 있어요. 물체가 위치를 이동하는 것을 물리학에서는 '운동'이라고 하는데, 비행기의 움직임은 직선 운동과 회전 운동이 섞여서 이루어져요.

비행기가 앞으로 나아가는 것은 직선 운동이에요. 엔진의 힘만 이용하면 되기 때문에 비교적 단순한 편이지요. 비행기가 방향을 바꾸거나 몸체를 기울이는 것은 회전 운동이에요. 회전 운동을 제대로 하려면 조종사가 정확하게 조종해야 해요. 비행기의 회전 운동은 크게 옆놀이, 키놀이, 빗놀이로 나눌 수 있어요.

옆놀이는 비행기의 앞뒤로 이어지는 긴 축을 중심으로 회전하는 것이에요. 조종사가 조종간을 왼쪽 또는 오른쪽으로 회전시키면 양쪽 날개 뒷부분에서 에일러론이라고 하는 장치가 움직여요. 한쪽 날개의 에일러론이 올라가면 반대쪽 날개의 에일러론은 내려가지요. 그

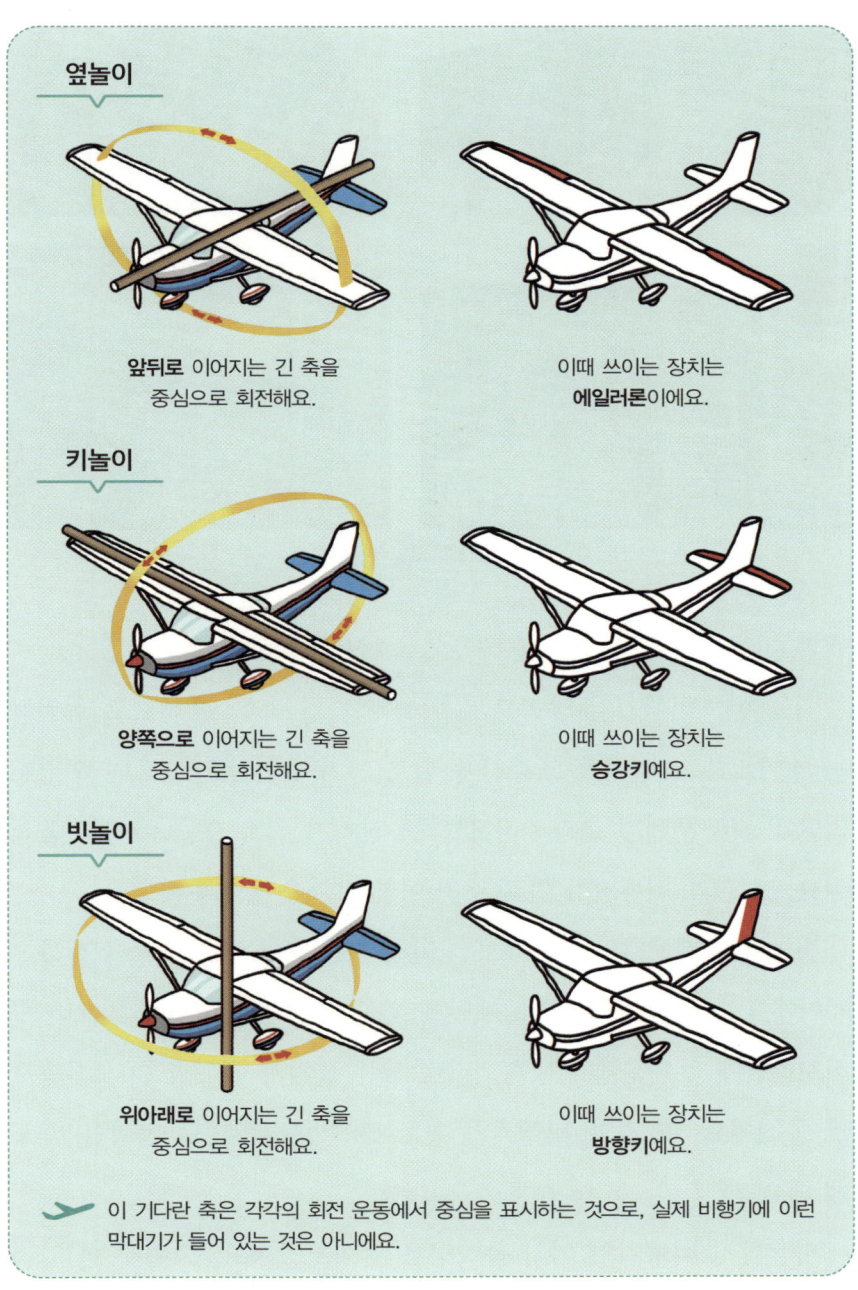

옆놀이
앞뒤로 이어지는 긴 축을 중심으로 회전해요.

이때 쓰이는 장치는 **에일러론**이에요.

키놀이
양쪽으로 이어지는 긴 축을 중심으로 회전해요.

이때 쓰이는 장치는 **승강키**예요.

빗놀이
위아래로 이어지는 긴 축을 중심으로 회전해요.

이때 쓰이는 장치는 **방향키**예요.

✈ 이 기다란 축은 각각의 회전 운동에서 중심을 표시하는 것으로, 실제 비행기에 이런 막대기가 들어 있는 것은 아니에요.

다양한 비행기의 조종석

결과, 비행기가 왼쪽 또는 오른쪽으로 기울어지게 돼요.

키놀이는 비행기의 양쪽으로 이어지는 긴 축을 중심으로 회전하는 것이에요. 조종사가 조종간을 뒤로 당기거나 앞으로 밀면 수평꼬리날개 뒷부분에서 승강키라고 하는 장치가 위로 또는 아래로 움직여요. 그 결과, 비행기가 위로 또는 아래로 기울어지게 돼요.

빗놀이는 비행기의 위아래로 이어지는 긴 축을 중심으로 회전하는 것이에요. 조종사가 두 발로 페달을 왼쪽 또는 오른쪽으로 밟으면 수직꼬리날개 뒷부분에서 방향키라고 하는 장치가 왼쪽 또는 오른쪽으로 움직여요. 그 결과, 비행기가 왼쪽 또는 오른쪽으로 방향을 바꾸게 돼요.

지금까지 비행기의 여러 움직임을 알아보았어요. 그런데 한 가지

빠진 것이 있어요. 바로 뒤로 가는 것이지요. 사람이 뒤로 걷듯이, 비행기도 뒤로 가는 것이 가능할까요?

지금까지 개발된 엔진으로는 불가능해요. 다만, 비행기가 땅에서 이동할 때는 가능하지요. 비행기에는 '역추진장치'라는 것이 있거든요. 원래는 비행기가 착륙한 후 완전히 정지하기까지의 거리를 줄이기 위해 달려 있는 장치예요. 그런데 만약 비행기가 땅에 가만히 정지해 있는 상태에서 이 장치를 켜면 비행기가 뒤로 가게 되지요. 하지만 이렇게 하는 것은 역추진장치의 원래 목적이 아니기 때문에 자칫 비행기에 무리가 갈 수도 있고 주위에 있는 사람들을 다치게 할 수도 있답니다. 다만, 역추진장치를 뒤로 가는 목적으로도 이용할 수 있게 만든 특수한 비행기도 있어요.

역추진장치가 작동하고 있는 모습. 엔진의 일부가 열려 있는 것처럼 보이지요. 엔진에서 뒤쪽으로 뿜어져 나가는 공기의 방향을 옆쪽으로 바꿔 줌으로써, 비행기가 착륙할 때 더 빨리 멈출 수 있도록 해 줘요.

재주넘기를 하는 비행기

특별한 행사에서는 비행기 여러 대가 곡예비행을 선보이기도 하지요. 추락할 듯이 떨어지다가 휙 방향을 돌려 날아오르기도 하고, 몸체를 여러 번 회전하며 날기도 해요.

곡예비행에서 가장 기본적인 동작으로는 루프 기동과 롤 기동이 있어요. 루프란 둥근 고리를 의미해요. 루프 기동은 옆에서 보았을 때 비행기가 고리 모양을 그리며 날아가는 것이에요. 롤은 구르기, 기울기를 의미해요. 롤 기동은 비행기가 옆으로 회전하면서 날아가는 것이에요. 롤 기동은 회전하는 정도에 따라 배럴 롤 기동과 에일러론 롤 기동으로 나뉘어요.

루프 기동과 롤 기동을 여러 가지 방식으로 섞으면 다양한 곡예비행이 가능해요. 예를 들어, 루프 기동으로 반 바퀴 돈 다음에 롤 기동으로 반 바퀴 도는 것은 임멜만 기동이라는 곡예비행이에요. 제1차 세계 대전 때 독일의 막스 임멜만이라는 조종사가 고안해서 이런 이름이 붙었지요. 막스 임멜만은 따라오는 적의 비행기를 따돌리기 위해 이 동작을 했다고 해요.

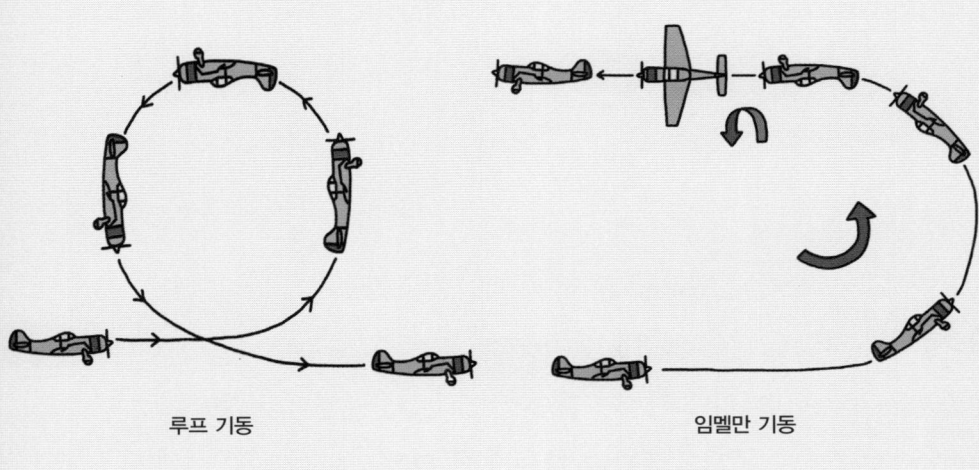

루프 기동　　　　　　　　임멜만 기동

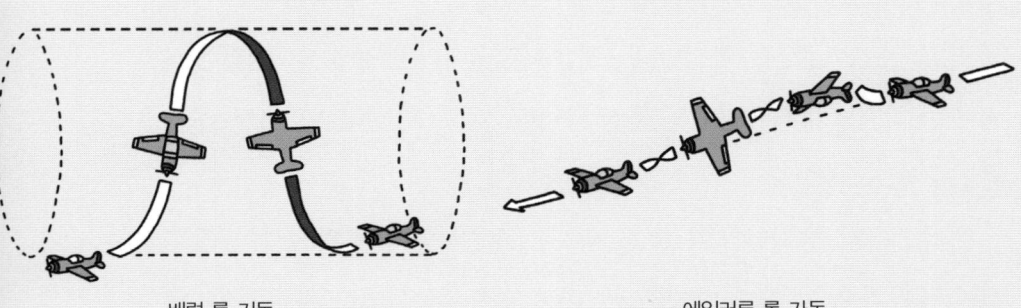

배럴 롤 기동　　　　　　　에일러론 롤 기동

제자리에서 수직으로 떠오르는 헬리콥터

앞에서도 보았듯이, 헬리콥터는 항공기이지만 비행기는 아니에요. 헬리콥터가 하늘을 나는 원리를 살펴볼까요?

헬리콥터에는 여객기나 전투기 같은 비행기와는 날개의 위치며 모양이 사뭇 달라요. 몸체의 중간쯤 되는 곳의 위쪽에 가늘고 긴 날개가 여러 개 달려 있고, 이 날개가 빠른 속도로 빙빙 돌아가지요. 이렇게 빙빙 도는 날개를 회전날개 또는 회전익이라고 불러요. 헬리콥터 중에는 회전날개가 두 개가 달린 종류도 있고, 다섯 개나 여섯 개가 달린 종류도 있어요.

헬리콥터의 회전날개가 빠른 속도로 돌면 공기가 위에서 아래로 밀려 내려가요. 이 공기가 만들어 내는 힘으로 헬리콥터는 공중으로 솟구쳐 오를 수 있는 것이랍니다. 그래서 헬리콥터가 떠오르는 모습은 비행기와 달라요. 비행기는 앞으로 빨리 달리며 떠오르는 데 비해

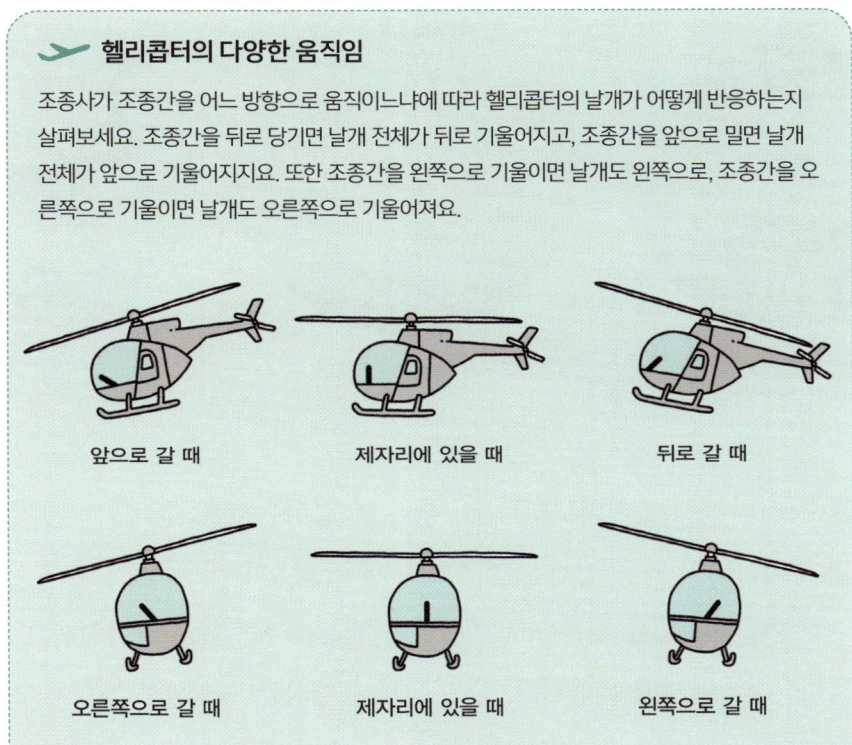

✈ 헬리콥터의 다양한 움직임

조종사가 조종간을 어느 방향으로 움직이느냐에 따라 헬리콥터의 날개가 어떻게 반응하는지 살펴보세요. 조종간을 뒤로 당기면 날개 전체가 뒤로 기울어지고, 조종간을 앞으로 밀면 날개 전체가 앞으로 기울어지지요. 또한 조종간을 왼쪽으로 기울이면 날개도 왼쪽으로, 조종간을 오른쪽으로 기울이면 날개도 오른쪽으로 기울어져요.

앞으로 갈 때 제자리에 있을 때 뒤로 갈 때

오른쪽으로 갈 때 제자리에 있을 때 왼쪽으로 갈 때

헬리콥터는 제자리에서 수직으로 떠올라요.

그런데 앞으로 날아가는 헬리콥터를 자세히 관찰하면 재미있는 사실을 발견할 수 있어요. 헬리콥터의 날개가 앞쪽으로 약간 기울어져 있다는 점이에요.

날개가 기울어지지 않은 채 돌아가면 헬리콥터는 공중으로 떠오르거나 공중에서 제자리 비행을 하는 것밖에 못해요. 결코 앞으로 나아가지 못하지요. 헬리콥터를 앞으로 나아가게 하는 힘은 날개를 앞

47

산에서 다친 사람을 옮기는 헬리콥터   산불을 끄는 헬리콥터   군사용 자동차를 옮기는 헬리콥터

쪽으로 약간 기울여야 생겨나요. 앞으로 향하는 힘을 더 크게 하려면 헬리콥터의 몸통 전체를 앞쪽으로 더 기울여야 해요.

그렇다면 날개를 뒤쪽으로 기울이면 헬리콥터는 뒤로 날아갈까요? 맞아요. 뒤로 날게 된답니다. 같은 원리로 헬리콥터는 왼쪽, 오른쪽으로도 날 수 있어요. 헬리콥터의 회전날개 축의 가운데 부분에는 날개를 원하는 방향으로 기울이게 해 주는 장치가 붙어 있지요.

이렇게 헬리콥터는 긴 활주로가 필요 없이 제자리에서 이륙과 착륙을 할 수도 있고, 공중에 뜬 채 제자리 비행을 할 수도 있고, 뒤쪽으로 자유롭게 날 수도 있어요. 비행기와 구별되는 헬리콥터만의 장점이에요. 그래서 헬리콥터는 교통이 불편한 곳에서 사람과 화물을 실어 나르거나 사고 현장에서 구조 활동을 하는 데 꼭 필요한 중요한 항공기랍니다.

헬리콥터의 역사

헬리콥터는 비행기보다 꽤 나중에 만들어졌어요. 라이트 형제가 최초의 비행기를 만든 후, 사람들은 비행기와 달리 제자리에서 수직으로 떠오르는 항공기를 만들어 내기 위해 애썼지요. 20세기 초에 여러 사람이 헬리콥터를 만들었지만 성능이 뛰어나지 않아서 널리 활용되지는 못했어요.

오늘날 우리가 볼 수 있는 헬리콥터는 이고르 시코르스키라는 사람이 만들었어요. 러시아 사람인 그는 미국으로 건너가 항공기 제작 회사를 세웠고 1939년 지금과 같은 헬리콥터를 개발해 냈지요. 시코르스키의 회사에서 만든 헬리콥터는 6·25 전쟁에서 부상병을 나르는 데 큰 역할을 했어요. 이것을 계기로 헬리콥터가 아주 쓸모 있는 항공기라는 사실이 전 세계에 널리 알려지게 되었지요.

이고르 시코르스키

6·25 전쟁에서 활약하는 헬리콥터

종이비행기를 멀리 날리려면?

 친구들끼리 누가 종이비행기를 가장 멀리 날리나 시합해 본 적이 있나요? 종이비행기를 접는 것은 간단하지만 멀리 날리기는 만만치가 않지요?

 종이비행기는 이름에 비행기라는 말이 들어 있지만 정확하게 분류하자면 비행기가 아니라 글라이더라는 사실, 앞에서 이미 이야기했지요. 종이비행기는 엔진 같은 동력 장치가 달려 있지 않아서 계속 날 수가 없어요. 그래도 좀 더 멀리 날게 하는 방법은 있답니다.

 종이비행기를 멀리 날리기 위해서는 우선 종이비행기가 좌우로 흔들리지 않고 앞을 향해 똑바로 쭉 나아가게 해야 해요. 그러자면 종이비행기의 날개가 좌우 대칭을 이루도록 접어야 해요. 단순히 모양만 좌우 대칭이면 되는 것이 아니에요. 날개의 각도도 반드시 좌우 대칭을 이루어야 하지요.

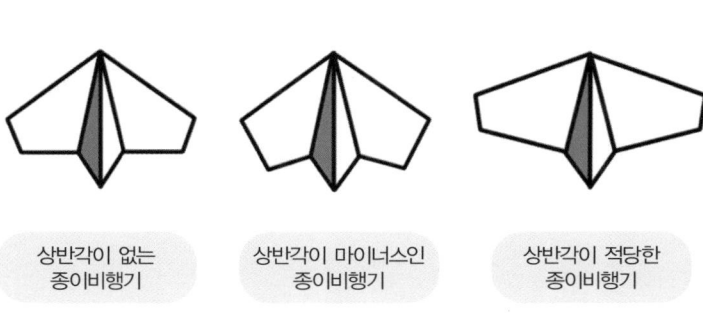

상반각이 없는 종이비행기 　　상반각이 마이너스인 종이비행기 　　상반각이 적당한 종이비행기

종이비행기를 뒤쪽에서 비스듬히 내려다본 모습

　　각도의 크기도 중요해요. 비행기나 글라이더의 날개를 보면 양쪽 날개가 위쪽으로 살짝 들려 있어요. 이때의 각도를 상반각이라고 불러요. 상반각이 충분히 있어야 비행기와 글라이더는 바람의 영향으로 기울어지더라도 원래 자세로 되돌아갈 수 있어요. 만약 상반각이 부족하거나 아예 날개가 아래쪽으로 처져 있다면 비행기와 글라이더는 똑바로 날지 못하고 옆으로 돌아 버려요. 이 원리를 이용해 종이비행기의 날개도 약간 위쪽을 향하도록, 그래서 상반각이 충분히 생기도록 접는 것이 좋아요.

　　중요한 것이 또 있어요. 바로 무게 중심이에요. 무게 중심이 어느 한쪽에 치우치면 안 되거든요. 종이비행기가 앞쪽이 너무 무거운 경우에는 제대로 날지도 못하고 곧장 아래로 고꾸라져요. 반대로 뒤쪽이

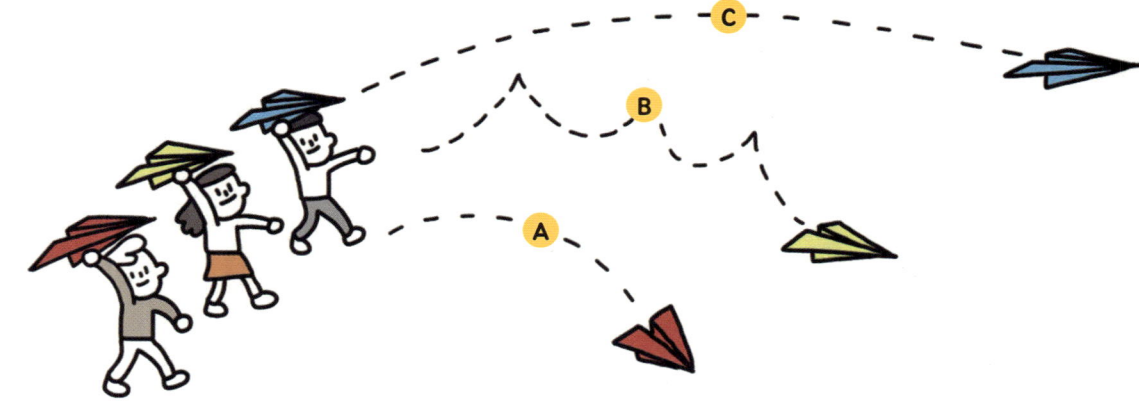

Ⓐ 무게 중심이 너무 앞에 있는 종이비행기
Ⓑ 무게 중심이 너무 뒤에 있는 종이비행기
Ⓒ 무게 중심이 적절한 종이비행기

너무 무거운 경우에는 물결무늬를 그리듯 앞뒤로 휘청거려요. 무게 중심을 적절하게 잡는 것이 어렵다면 앞쪽 또는 뒤쪽에 접착테이프를 조금씩 붙여 가며 맞춰 보세요.

  지금까지 종이비행기를 멀리 날리는 법을 알아보았어요. 그런데 종이비행기를 오래 날리는 법은 또 달라요. 거리야 어떻든 종이비행기가 최대한 천천히 내려가게 해야겠지요. 같은 무게의 종이비행기라면 날개의 면적이 넓을수록, 그리고 매끈하게 잘 접혀 있을수록 오래 날 수 있어요. 하지만 무엇보다 중요한 것은 처음부터 높이 던지는 것이랍니다. 그러니 팔을 한껏 올려서 종이비행기를 날리세요.

종이비행기 국가 대표

　종이비행기도 국제 대회가 있다는 사실, 미처 몰랐지요? '레드불 페이퍼 윙스(Red Bull Paper Wings)'라는 대회예요. 3~4년마다 열리는 이 대회의 종목은 세 가지예요. 멀리 날리기, 오래 날리기, 곡예비행.

　멀리 날리기 종목과 오래 날리기 종목은 현장에서 A4 용지 한 장을 접어서 만든 종이비행기만 날릴 수 있어요. 종이를 붙이는 것이나 자르는 것은 허용되지 않아요. 곡예비행 종목은 종이의 질이나 크기, 만드는 방법 등이 자유롭지만 동력 장치를 달거나 무선 조종을 하는 것은 안 돼요. 2022년도의 우승 기록은 멀리 날리기 종목에서 61.1미터, 오래 날리기 종목에서 14.86초예요.

　이 대회에는 각 나라의 국가 대표 선발전에서 우승한 선수들이 참가하지요. 어때요, 여러분도 종이비행기 국가 대표에 도전해 보고 싶지 않나요?

3부

엔진부터 화장실까지, 비행기의 요모조모

비행기를 이루는 여러 가지 과학 기술

비행기의 몸체는 굉장히 복잡하게 구성되어 있어요. 또한 하늘을 나는 동안 비행기의 몸체에는 다양한 변화가 일어나지요. 비행기의 몸체에 대해 살펴보다 보면 여러 가지 기술들이 모여 비행기를 이루었다는 사실을 알 수 있을 거예요.

비행기의 심장, 엔진

우리 몸 안에서는 심장이 쉬지 않고 쿵쿵 뛰고 있어요. 심장은 피를 온몸 구석구석에 보내 세포에 산소와 영양분을 공급해요. 심장 덕분에 뇌가 생각을 하고 폐가 숨을 쉬고 근육이 움직이는 등 우리 몸이 정상적으로 작동할 수 있지요.

비행기에서 심장과도 같은 장치가 바로 엔진이랍니다. 엔진은 비행기가 정상적으로 작동할 수 있는 힘을 만들어 내거든요.

엔진은 비행기가 공기가 희박한 곳을 날 때도 승객들이 숨을 쉴 수 있도록 공기를 공급하고, 비행기가 너무 덥거나 너무 추운 곳을 날 때도 승객들이 괴로워하지 않도록 실내가 적당한 온도로 유지되게 해요. 엔진은 비행기에 전기도 공급해 줘요. 그 덕분에 비행기 조종실의 컴퓨터, 공항의 관제탑과 연락을 주고받는 무전기, 승객들에게 영화를 보여 주는 모니터가 작동하지요. 만약 이 전기가 없다면 기내식을 따뜻하게 데우지도 못해서 차가운 상태로 먹어야 할걸요. 또한 비행기의 방향을 바꾸기 위해 날개의 에일러론이나 승강키나 방향키를 움직일 때도, 비행기가 이륙하거나 착륙하기 위해 날개의 플랩을 펴고 접을 때도, 착륙한 비행기가 멈추기 위해 브레이크를 걸 때도 엔진이 만들어 내는 힘이 필요해요.

제트 엔진

하지만 뭐니 뭐니 해도 엔진이 하는 가장 중요한 일은 비행기가 앞으로 가게 하는 힘, 즉 추진력을 만들어 내는 것이랍니다. 엔진이 추진력을 만드는 원리는 엔진의 종류에 따라 조금씩 달라요. 사람들이 많이 이용하는 큰 여객기에 달린 엔진의 원리에 대해 더 자세히 알아볼까요? 공항에 가서 여객기를 관찰해 보면 날개 아래에 둥그런 모양의 장치가 있는 것을 볼 수 있어요. 이것이 바로 제트 엔진이에요. 오늘날 여객기와 전투기에 가장 일반적으로 사용되고 있는 엔진이에요.

제트 엔진의 맨 앞에는 팬이라는 장치가 있어요. 언뜻 선풍기같이 보이기도 하지요. 팬은 한꺼번에 많은 공기를 엔진 속으로 빨아들이는 역할을 해요.

팬에 의해 제트 엔진 속으로 들어간 공기는 두 갈래로 나뉘어요.

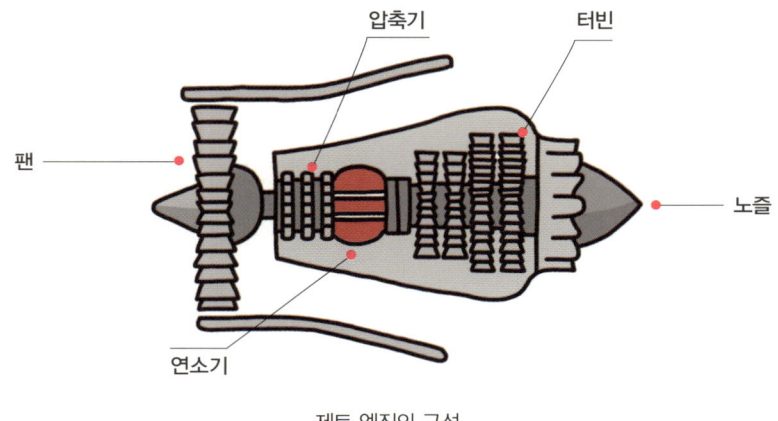

제트 엔진의 구성

 그중 바깥쪽으로 보내진 공기는 제트 엔진 뒤쪽으로 빠져나가서 비행기를 앞으로 밀어내요. 즉, 추진력이 되는 것이에요.

 안쪽으로 보내진 공기는 압축기로 들어가요. 압축기는 이름 그대로 공기를 압축해 뜨겁게 만들고 연소기로 보내요. 연소기는 뜨거워진 공기를 연료와 섞어서 더더욱 뜨겁게 해요. 뜨거운 공기는 압력이 세지요. 이 공기는 제트 엔진 뒤쪽으로 뿜어져 나가며 터빈을 돌려요.

 터빈이 돌아가는 힘을 통해 앞쪽의 팬과 압축기가 돌아가요. 터빈을 돌리고 난 공기는 제트 엔진 뒤쪽으로 빠져나가는데, 이 공기는 팬에서 바로 제트 엔진 뒤쪽으로 빠져나가는 공기와 합쳐져 역시 추진력

보조동력장치의 배기구

이 된답니다.

　그런가 하면 비행기 꼬리 쪽에는 보조동력장치라는 작은 엔진이 있어요. 아직 비행기 엔진이 켜져 있지 않을 때 비행기 안에 전기를 공급하기도 하고, 비행기 엔진을 켜기도 해요. 땅 위에 가만히 있는 비행기의 꽁무니를 보면 아지랑이 같은 것이 나오는 모습을 볼 수 있는데, 바로 보조동력장치 때문에 나오는 배기가스랍니다.

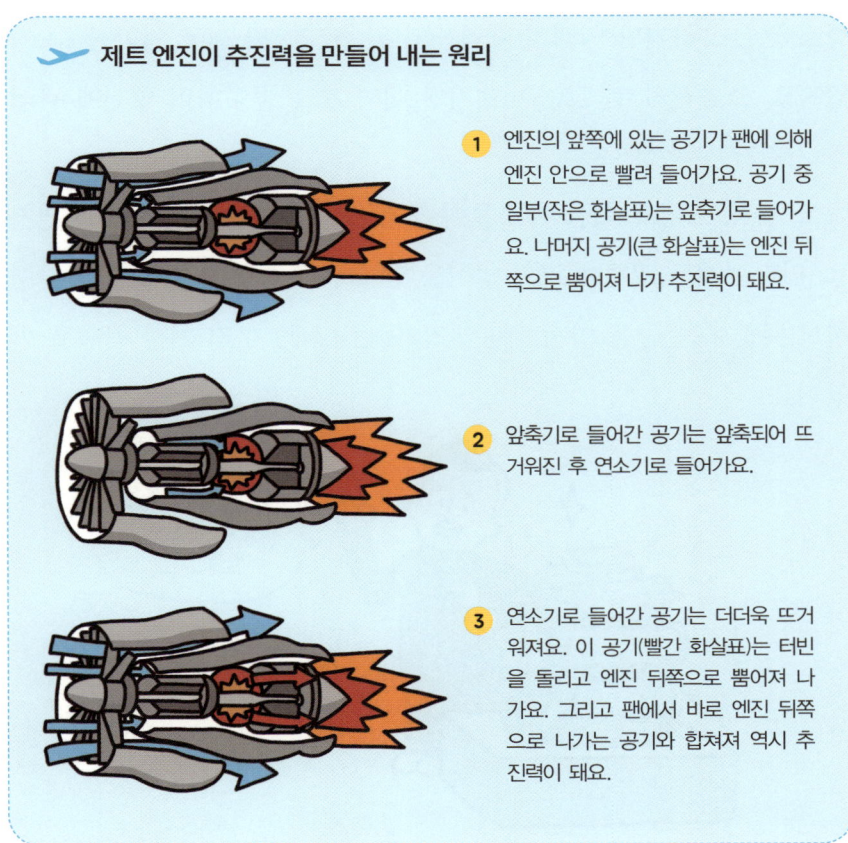

✈ 제트 엔진이 추진력을 만들어 내는 원리

① 엔진의 앞쪽에 있는 공기가 팬에 의해 엔진 안으로 빨려 들어가요. 공기 중 일부(작은 화살표)는 압축기로 들어가요. 나머지 공기(큰 화살표)는 엔진 뒤쪽으로 뿜어져 나가 추진력이 돼요.

② 압축기로 들어간 공기는 압축되어 뜨거워진 후 연소기로 들어가요.

③ 연소기로 들어간 공기는 더더욱 뜨거워져요. 이 공기(빨간 화살표)는 터빈을 돌리고 엔진 뒤쪽으로 뿜어져 나가요. 그리고 팬에서 바로 엔진 뒤쪽으로 나가는 공기와 합쳐져 역시 추진력이 돼요.

제트 엔진을 만든 사람

제트 엔진의 발명가는 영국의 프랭크 휘틀이에요. 조종사가 되고 싶었던 그는 왕립공군학교에 지원했다가 몸이 왜소하다는 이유로 불합격했어요. 하지만 열심히 체력을 키워 재도전해 결국 입학할 수 있었지요. 조종사가 된 그는 비행기에 대해 계속 공부하며 엔진에 관심을 가지기 시작했어요.

그 결과, 프랭크 휘틀은 스물아홉 살 때 제트 엔진을 발명해 냈지요. 안타깝게도 그때는 그의 업적을 알아주는 사람이 없었어요. 다행히도 나중에는 공을 인정받아 엘리자베스 2세로부터 기사 작위를 받았어요.

비행기는 얼마나 빨리 날 수 있을까?

우리가 평소에 타고 다니는 승용차는 대개 시속 200킬로미터까지 달릴 수 있어요. 2~4명이 타는 작은 비행기는 경량항공기라 하는데 시속 250킬로미터까지 날 수 있어요. KTX 같은 고속 철도는 시속 300킬로미터까지 달릴 수 있어요. 외국에 나갈 때 타는 큰 여객기는 시속 950킬로미터까지 날 수 있어요.

그럼 큰 여객기보다 더 빨리 날 수 있는 비행기도 있을까요? 그 이야기를 하기 전에 먼저 '음속'에 대해 설명해 줄게요.

잔잔한 연못에 돌을 던지면 물결이 퍼져 나가지요. 조금 어려운 표현을 쓰자면, 수면에 파동을 일으키는 것이에요. 우리 눈에 보이지는 않지만 소리도 공기 속에서 이와 같은 식으로 퍼져 나가요. 소리가 공기 중에 일으키는 파동을 음파라고 해요. 이 파동의 속도가 곧 소리가 전파되는 속도, 즉 음속인 셈이에요. 음속은 시속 1200킬로미터 정

역사에 기록된 속도들

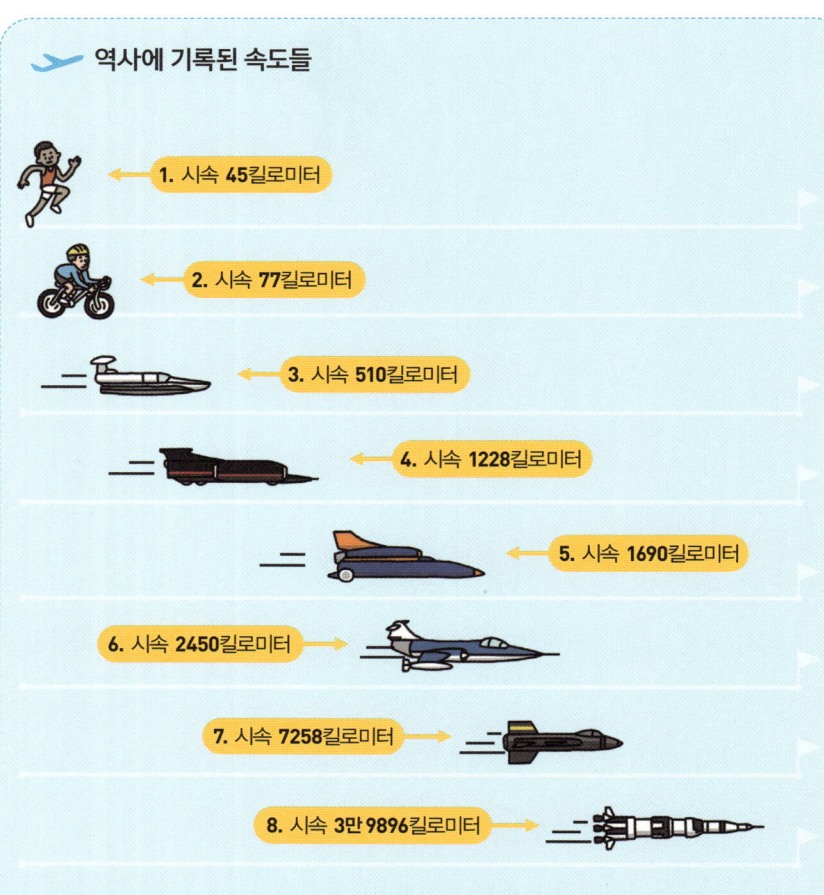

1. 시속 45킬로미터
2. 시속 77킬로미터
3. 시속 510킬로미터
4. 시속 1228킬로미터
5. 시속 1690킬로미터
6. 시속 2450킬로미터
7. 시속 7258킬로미터
8. 시속 3만 9896킬로미터

1. 자메이카의 육상 선수 우사인 볼트가 기록한 속도. 100미터를 9.58초에 주파했어요.
2. 영국의 사이클 선수 크리스 호이가 기록한 속도.
3. 호주의 켄 워비가 제트 엔진을 단 보트를 타고 기록한 속도.
4. 영국의 군인 앤디 그린이 제트 엔진을 단 자동차를 타고 기록한 속도. 자동차로는 최초로 음속을 돌파한 것이었어요.
5. 영국의 자동차 블러드하운드 SSC가 기록한 속도. 이 속도는 총알의 속도보다도 빠르지요. 블러드하운드 SSC는 F-104의 부품을 모아 만들어졌어요.
6. 미국의 비행기 F-104가 기록한 속도. F-104는 마하 2의 속도로 계속 날 수 있는 최초의 전투기였어요.
7. 미국의 비행기 X-15가 기록한 속도. 이 기록을 깬 비행기는 아직 나오지 않았어요.
8. 미국의 로켓 새턴 5가 기록한 속도. 이 로켓은 달 탐사를 위해 개발되었어요.

도 돼요. 마하는 음속을 기준으로 속도를 표현하는 단위예요. 오스트리아의 과학자 에른스트 마흐의 이름을 따서 만들어졌지요. 그러니 '마흐'라고 하는 게 더 정확하겠지만 오래전부터

사람이 타는 비행기 중 최고 속도를 기록한 X-15

'마하'라고 불려 왔기 때문에 계속 그렇게 불리고 있어요. 날아가는 속도가 음속과 같으면 마하 1, 음속보다 두 배 높으면 마하 2가 돼요. 마하라는 단위는 오늘날에도 널리 쓰이고 있어요.

수백 명을 실어 나르는 여객기는 크기가 워낙 크다 보니 마하 1이 넘는 것을 만들기가 어려워요. 대신 전투기는 여객기보다 훨씬 작기 때문에 마하 1이 넘는 것이 많이 개발되어 있지요. 우리나라 공군의 전투기 중 가장 빠른 것은 F-15K인데 최고 속도가 마하 2.5예요.

무인기가 아닌, 사람이 타는 비행기로서 최고 속도를 기록한 것은 X-15라는 비행기예요. 무려 마하 6.7의 속도로 날았지요. 제트 엔진이 아니라 로켓 엔진을 달았고, 활주로에서 이륙해 날기 시작하는 방식이 아니라 다른 큰 비행기가 싣고 가다가 높은 곳에서 떨어뜨리면 그때부터 날기 시작하는 방식이었어요. X-15는 실험용으로 단 세 대만 만들어진 비행기라서 실제로 쓰이고 있지는 않아요.

비행기가 몰고 다니는 천둥소리의 정체는?

 비행기가 음속을 넘어 아주 빠른 속도로 날아갈 때면 "콰쾅!" 하고 요란한 폭발 소리가 나요. 갑자기 천둥이 친 것도 아니고, 비행기가 폭발해 버린 것은 더더욱 아닌데도 말이에요. 이 소리를 소닉붐이라고 하는데 소닉붐의 원리는 음속과 관련이 있어요.
 물체가 음속보다 느리게 나아가는 경우, 공기 중의 음파가 앞서가

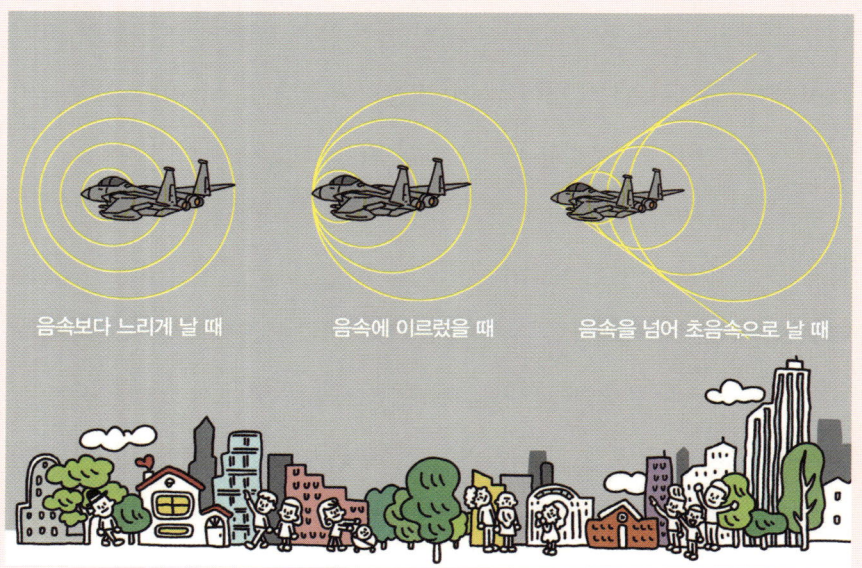

음속보다 느리게 날 때   음속에 이르렀을 때   음속을 넘어 초음속으로 날 때

비행기 주위의 음파

고 물체는 그 뒤를 따라가요. 그래서 우리는 물체 자체를 보기 전에 물체의 소리를 먼저 듣게 되지요. 예를 들어, 기차가 다가오는 소리가 먼저 들리고 그다음에 기차가 도착하는 거예요. 그런데 물체가 음속보다 빠른 경우에는 어떻게 될까요? 당연히 물체는 음파를 제치고 앞서가게 되겠지요. 음파가 물체 뒤쪽에 있다 보니 우리는 물체 자체가 아주 가까이 오기 전에는 물체의 소리를 듣지 못해요.

비행기가 음속보다 느리게 날면 비행기 주위로 음파가 둥그렇게 퍼져 나가요. 특히 비행기 앞쪽의 음파들이 촘촘히 쌓여 공기가 무척 압축되어 있는 상태이지요. 그러다 비행기가 속도를 높여 음속보다 빠르게 날면 앞쪽의 음파들을 뚫고 지나가게 돼요. 이때 겹쳐진 음파들이 항공기와 함께 이동하다가 우리 귀를 지나는 순간, 우리는 쾅 하는 소닉붐 소리를 듣게 되는 것이랍니다.

비행기가 높은 곳에서 나는 이유

"떴다 떴다 비행기~ 날아라 날아라~ 높이 높이 날아라~ 우리 비행기~"

「비행기」라는 동요의 가사랍니다. 여러분도 불러 본 적이 있을 거예요. 이 가사처럼 비행기는 참 높이도 날지요. 그래서 비행기를 타고 가다가 밖을 내다보면 아래쪽에 구름이 보일 정도예요. 비행기는 왜 그리도 높이 날까요? 그냥 적당히 높이 날면 안 되는 것일까요?

땅으로부터 위쪽으로 올라갈수록 공기가 희박해져요. 공기는 비행기가 공중으로 뜨는 힘이 되기도 하지만 동시에 빨리 나는 것을 방해하는 힘이 되기도 해요. 그래서 공기가 적은 곳일수록 비행기는 더 빠른 속도로 날 수 있어요. 또한 같은 속도로 날더라도 연료를 절약할 수 있지요.

더구나 아주아주 높은 곳부터는 비바람이나 태풍 같은 날씨 현상

이 줄어들어요. 그러니 비행기는 더 안정된 환경에서 날 수 있게 되지요.

그렇다고 무조건 높이 날수록 좋은 것은 아니에요. 모든 비행기가 무작정 높이 뜰 수 있는 것도 아니고요. 높은 곳까지 올라가려면 연료가 꽤 많이 필요하기 때문이지요. 더구나 높은 곳은 공기가 적다 보니 제트 엔진과 같이 공기를 많이 빨아들일 수 있는 엔진이 달려 있어야 하거든요. 비행기가 날기에 가장 적합한 높이는 그 비행기의 크기, 무게, 엔진, 그리고 목적지까지의 거리 등에 따라 달라져요.

서울과 부산처럼 짧은 거리를 이동하는 여객기는 약 8킬로미터 높이에서 날아요. 서울과 뉴욕처럼 아주 먼 거리를 이동하는 여객기는 약 10킬로미터 높이에서 날지요. 경량항공기는 1500미터 이하에서 날도록 되어 있어요. 비행기는 아니지만 회전익 항공기에 속하는 헬리콥터는 주로 300~900미터 높이에서 날고, 강원도같이 산이 많은 지역이라도 약 1500미터 높이까지만 올라가요.

미국에 갈 때는 올 때보다 시간이 적게 걸리는 이유

여객기가 먼 거리를 갈 때는 약 10킬로미터 높이에서 난다고 했지요. 그런데 이 높이에서는 아주 빠른 바람이 일정한 방향으로 불어요. 보통 때도 시속 100킬로미터가 넘고 심할 때는 시속 500킬로미터나 돼요. 이 바람을 '제트 기류'라고 해요.

비행기가 제트 기류와 같은 방향으로 날 때는 원래 속도보다 더 빨라지게 돼요. 당연히, 제트 기류와 반대 방향으로 날 때는 더 느려지게 되고요. 예를 들어, 우리나라에서 미국으로 갈 때는 제트 기류와 같은 방향으로 날고 미국에서 우리나라로 올 때는 반대 방향으로 나는데 비행 시간이 약 두 시간이나 차이가 난답니다. 그런가 하면 우리나라에서 유럽에 갈 때는 유럽에서 올 때보다 한두 시간이 더 걸리는데 역시 제트 기류 때문이지요.

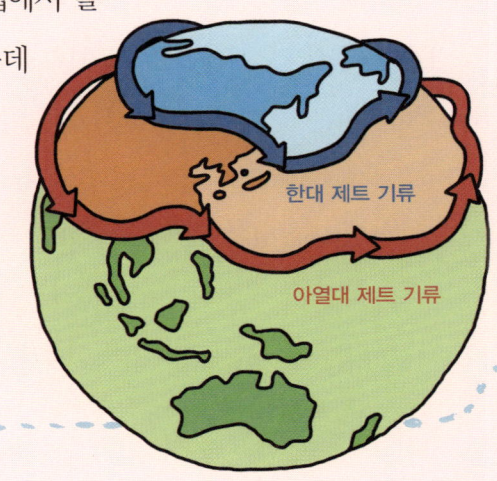

지구의 적도 위쪽 지역에 부는 한대 제트 기류(파란 화살표)와 아열대 제트 기류(빨간 화살표). 적도 아래쪽 지역에도 똑같은 제트 기류가 불어요.

비행기를 가볍게 만드는 기술

　크기는 같지만 무게는 다른 두 비행기가 같은 거리를 같은 속도로 난다고 해 봐요. 더 가벼운 비행기와 더 무거운 비행기 중 어느 쪽이 연료가 적게 들까요? 더 가벼운 비행기랍니다. 이것은 곧 비행기의 무게가 가벼울수록 같은 양의 연료를 가지고 더 멀리 날거나 더 빨리 날 수 있다는 뜻이에요.

　그렇다고 비행기에 무작정 가벼운 재료를 쓸 수는 없어요. 많은 사람을 태우고 긴 거리를 날아가려면 몸체가 튼튼해야 하니까요. 그래서 비행기를 만드는 사람들은 튼튼하면서도 가벼운 재료를 개발하기 위해 많은 노력을 해 왔어요.

　가장 각광받고 있는 재료는 탄소 복합재 또는 탄소 섬유 강화 플라스틱이라 불리는 것이에요. 탄소를 실처럼 가늘게 해서 이 실로 천을 만든 다음, 특수한 화학 처리를 하면 완성되는 재료예요. 탄소 복합재는 알루미늄보다 무게가 가벼우면서도 쇠보다 충격에 강해요. 더구나 불에 잘 타지도 않아요. 그래서 비행기를 포함한 항공기의 재료로 널리 쓰이고 있어요.

요즈음은 더욱 성능이 뛰어나면서도 생산 비용이 적은 탄소 복합재가 계속 개발되고 있어요. 또한 항공기 외에 낚싯대, 골프채 같은 용품에도 사용되고 있지요. 앞으로는 탄소 복합재로 만든 자동차도 우리 주위에서 쉽게 볼 수 있게 될 거예요.

탄소 복합재.
복합재란 금속, 세라믹 등 서로 다른 재료를 합쳐서 만드는 재료를 의미해요. 복합 재료라고도 한답니다.

비행기를 가볍게 만들려면 비행기에 바르는 페인트에도 신경 써야 해요. 큰 여객기는 페인트의 무게만 500킬로그램이 넘거든요. 그러니 페인트를 겹겹이 바르지 않고 딱 맞게 발라야 비행기의 무게를 줄일 수 있겠지요.

일단 완성된 비행기는 더 이상 비행기 자체의 무게를 줄일 수는 없어요. 하지만 그래도 한 가지 방법이 있답니다. 비행기 안에 싣는 연료와 짐의 무게를 줄이는 것이에요.

비행기 연료는 꼭 필요한 만큼만 실어요. 다만, 비상용 연료를 조금

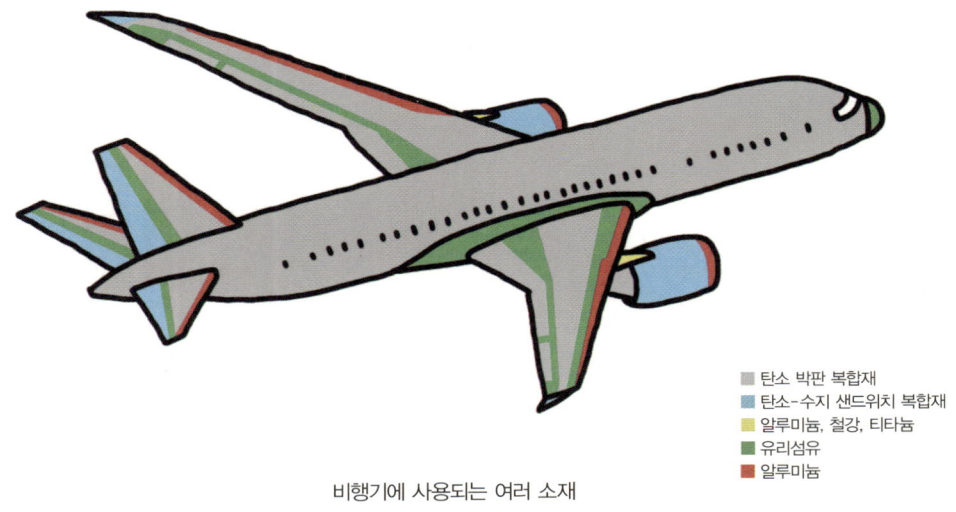

비행기에 사용되는 여러 소재

■ 탄소 박판 복합재
■ 탄소-수지 샌드위치 복합재
■ 알루미늄, 철강, 티타늄
■ 유리섬유
■ 알루미늄

더 길긴 하지요. 비상 상황으로 인해 바로 착륙하지 못하고 하늘에 더 머물러야 하는 경우가 종종 생기거든요.

  공항에 가서 비행기 탑승 수속을 할 때 크기가 큰 짐은 따로 맡기지요. 이때 짐의 무게가 항공사가 정해 놓은 기준을 넘으면 추가로 돈을 내야 해요. 승객들이 너무 많은 짐을 가지고 타는 것을 막기 위해 정해 놓은 규정이에요. 그러니 짐을 쌀 때는 너무 무거워지지 않도록 해야겠지요.

비행기 안에서 친구들끼리 모여서 놀아도 될까?

화물을 싣는 비행기

수학여행을 가기 위해 반 전체가 한 비행기에 탔어요. 계속 자리에 앉아 있으려니 지루해요. 친구들과 비행기 한쪽에 모여 놀면 재밌지 있을까요?

그러면 안 돼요! 만약 그랬다가는 승무원들이 와서 주의를 줄 거예요. 비행기가 너무 무거워지지 않도록 하는 것만큼이나 비행기의 무게 중심을 잘 맞추는 것도 중요하기 때문이에요. 비행기 안에서 사람이나 짐이 한쪽으로 몰리면 연료가 더 많이 들어요. 심한 경우에는 비행기의 안전이 위험해질 수도 있어요.

그래서 비행기에 짐을 싣는 전문가가 따로 있답니다. 짐마다 크기와 무게가 제각각이기 때문에 무게 중심을 잘 맞추려면 그만큼 지식과 경험이 필요하거든요.

비행기가 다이어트를 한다?

　많은 사람이 다이어트를 하기 위해 무진장 애써요. 땀 흘리며 운동을 하기도 하고 밥을 적게 먹기도 해요. 그런데도 좀처럼 몸무게를 줄이지 못해요. 그런데 비행기는 날기 시작하는 순간부터 다이어트를 한답니다. 비행하는 내내 무게가 줄어들지요. 그 비결은 바로 연료에 있어요.

　비행기는 날아가는 동안 연료를 태워서 에너지를 얻어요. 이렇게 쓰인 연료는 이산화탄소, 수증기 등 우리 눈에 보이지 않는 기체로 변해 비행기 밖으로 배출돼요. 그렇게 없어진 연료만큼 무게가 줄어드니 비행기가 다이어트를 하게 되는 셈이지요.

　그렇다면 비행기는 얼마나 다이어트를 하게 되는 것일까요? 연료의 무게가 비행기 전체에서 차지하는 비중을 자동차와 비교해서 설명해 볼게요.

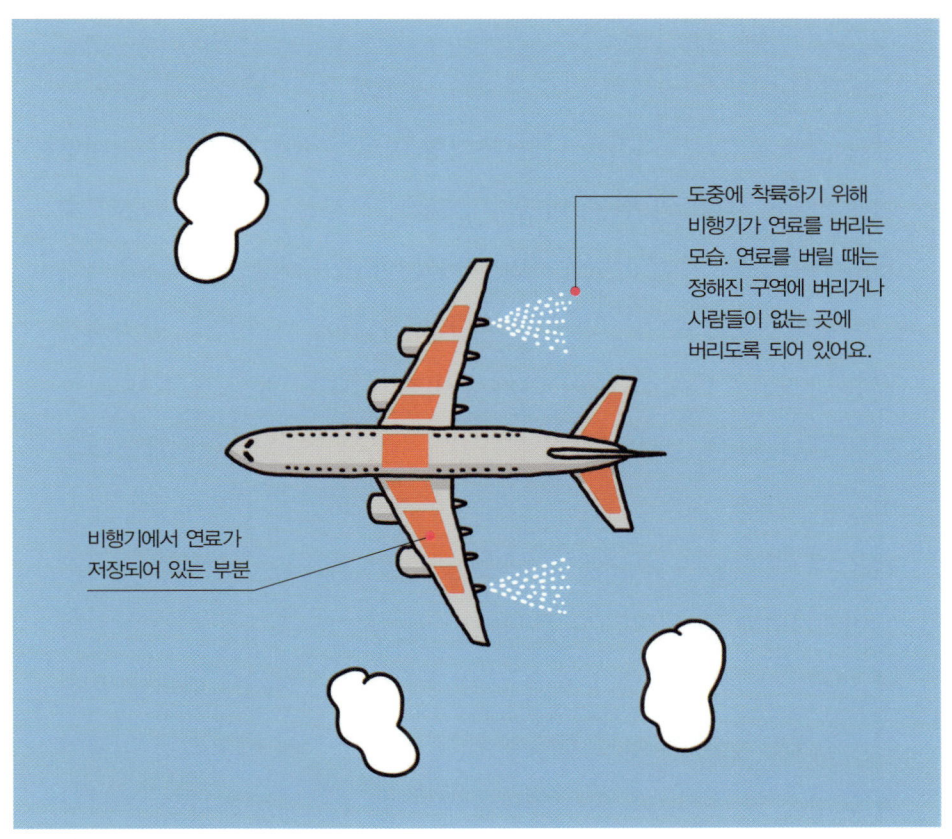

도중에 착륙하기 위해 비행기가 연료를 버리는 모습. 연료를 버릴 때는 정해진 구역에 버리거나 사람들이 없는 곳에 버리도록 되어 있어요.

비행기에서 연료가 저장되어 있는 부분

우리가 흔히 타고 다니는 승용차는 무게가 2000킬로그램 정도 돼요. 몸무게가 70킬로그램인 남자 어른 다섯 명이 각자 무게가 30킬로그램씩 되는 짐을 들고 탄다고 가정해 봐요. 승용차에 연료를 가득 채우면 그 연료의 무게는 50킬로그램 정도 돼요. 자동차, 사람, 짐, 연료를 모두 합한 무게인 2550킬로그램에서 연료의 무게인 50킬로그램은 2퍼센트 남짓밖에 안 돼요. 그래서 자동차도 달리는 동안 연료를 태워서 다이어트를 하지만 별로 티가 나지 않지요.

비행기 중에서도 특히 연료가 많이 필요한 것은 한꺼번에 많은 사람과 짐을 싣고 먼 거리를 나는 초대형 여객기예요. 대표적인 초대형 여객기인 보잉 747의 경우, 비행기의 무게는 173톤이에요. 400명의 승객이 각자 짐을 가지고 탑승하면 약 55톤이고, 승객들이 먹을 음식과 물이 10톤 정도 돼요. 그럼 연료는? 비행 거리에 따라 조금 달라지겠지만 약 130톤 가까이 돼요. 따라서 비행기, 사람, 짐, 연료를 모두 합한 무게인 368톤에서 연료의 무게인 130톤은 35퍼센트나 된답니다. 비상용 연료를 조금 더 싣는 것을 감안하면 비행기가 목적지에 도착했을 때는 원래 무게의 약 30퍼센트나 줄어들어 있는 것이지요.

비행기의 연료는 주로 양쪽 날개 속에 실어요. 초대형 여객기는 워낙 연료가 많이 필요하다 보니 꼬리날개 속에도 싣고 몸체의 가운데 아래쪽에도 싣지요. 어느 한쪽에 있는 연료만 먼저 사용하면 비행기가 균형을 잡기 어려워지기 때문에 무게 중심을 감안해서 골고루 사용해요.

혹시 비행기가 날다가 문제가 생겨 도중에 착륙해야 하는 경우에는 연료를 버려야 할 때도 있어요. 연료가 너무 많이 남아 있으면 비행기가 위험해지거나 신속하게 착륙하는 것이 힘들어져서 승객의 안전에 나쁜 영향을 줄 수 있기 때문이지요.

비행기의 연료

2인승 이하의 아주 작은 경량항공기는 자동차용 휘발유를 그대로 사용하기도 해요. 경량항공기보다 조금 큰 소형 항공기의 경우는 다른 종류의 휘발유를 사용해요. 더욱 잘 타도록 몇 가지 물질을 더 넣은 휘발유이지요.

바이오 연료

제트 엔진이 달린 비행기는 등유를 사용해요. 등유는 휘발유보다 불이 붙는 온도가 더 높은 것이 특징이에요. 참고로, 등유를 연료로 사용하는 로켓도 있어요.

최근에는 바이오 연료가 개발되고 있어요. 주로 옥수수나 콩을 가지고 만들지요. 바이오 연료의 장점은 휘발유나 등유보다 훨씬 친환경적이라는 사실이에요. 자동차나 발전소에는 이미 바이오 연료가 꽤 많이 사용되고 있어요. 전 세계에서 사용되는 에너지의 15퍼센트가 바이오 연료에서 나온다고 해요. 앞으로 비행기에서도 바이오 연료의 쓰임새가 더욱 커질 거예요.

하늘에서는 뚱뚱, 땅에서는 홀쭉

바로 앞에서 여러분은 비행기가 하늘을 나는 동안 다이어트를 해서 무게가 줄어든다는 사실을 알게 되었어요. 그런데 비행기가 하늘을 나는 동안 정작 비행기의 몸체 자체는 더 커진답니다. 이게 어떻게 된 일일까요?

하늘로 높이 올라갈수록 공기가 희박해져요. 그러면 공기의 압력, 즉 기압도 낮아져요. 특히 여객기가 주로 다니는 10킬로미터 높이에서는 기압이 땅 위에 비해 3분의 1밖에 되지 않아요. 이런 환경에서는 사람이 제대로 숨을 쉴 수가 없어요.

그래서 비행기는 승객들이 문제없이 숨을 쉬도록 내부의 기압을 높여요. 즉, 안에 공기를 많이 집어넣는 거예요. 비행기 내부의 기압을 땅 위와 똑같이 하려면 연료가 너무 많이 들기 때문에 1500~2400미터 높이의 기압과 비슷한 수준으로 맞추어 놓지요. 이렇게 비행기 내부의 기압을 조절하는 것이 비행기에 달린 환경 조절 장치, 그중에서도 여압 장치예요.

비행기가 이륙하거나 착륙할 때 눈이나 귀가 아파서 절절맸던 경험이 있나요? 이것은 우리 주변의 기압이 갑자기 변해서 귀 속의 기압과 차이가 나기 때문에 생기는 현상이에요. 비행기가 이륙하고서 어느 정도 이상으로 높

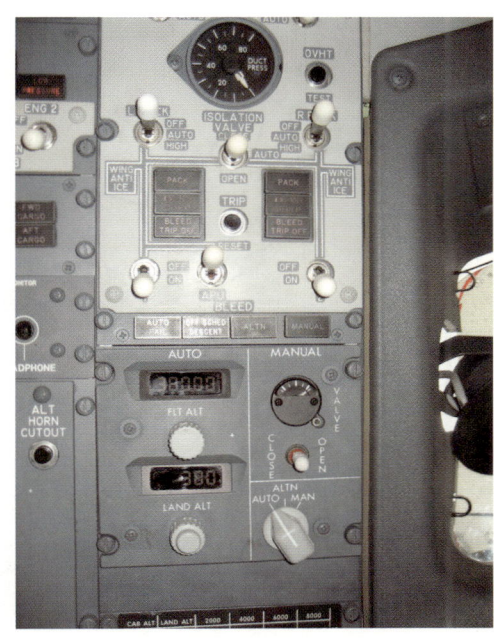

환경 조절 장치를 조종하는 계기판

이 날게 되면 여압 장치가 가동되기 시작해요.

비행기를 타고 가다가 비행기 안을 둘러보세요. 출입문도 창문도 모두 꼭꼭 닫혀 있지요. 비행기 내부의 기압을 일정하게 유지하기 위해서예요. 만약 비행기가 하늘을 날다가 출입문이 열린다든가 창문이 깨져 버린다면 어떤 일이 일어날까요? 비행기 내부의 공기가 밖으로 마구마구 빠져나가는 바람에 여압 장치가 아무런 소용이 없게 될 거예요. 물건들이 비행기 밖으로 튕겨 나가고, 심하면 사람까지 휩쓸려 나가고 말 거예요. 혹시라도 이런 일이 생기지 않도록 비행기 창문은 아주 튼튼하게 만들어져 있어요. 또한 비행기가 나는 동안 출입문을 여는 것은 엄격하게 금지되어 있지요.

이렇게 여압 장치 덕분에 비행기 내부는 기압이 일정하게 유지돼

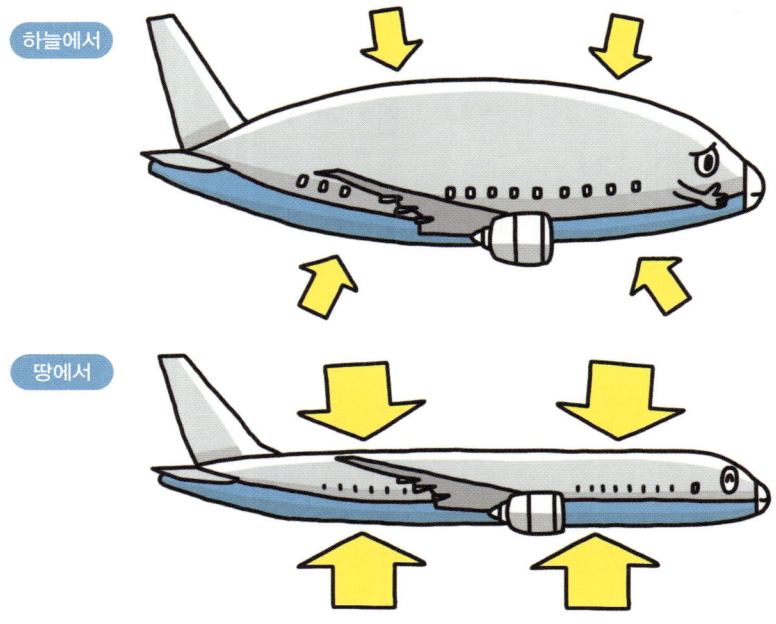

비행기가 하늘 높이 날 때는 주위의 기압이 약해서 몸체가 커지고 땅 위에 있을 때는 주위의 기압이 높아서 원래대로 돌아와요. 이 그림은 여러분이 이해하기 쉽도록 비행기의 크기 차이를 과장해서 표현한 것이에요.

요. 반면, 비행기가 높이 올라가면 올라갈수록 외부의 기압은 줄어들어요. 그러다 보니 비행기 내부의 기압과 비행기 외부의 기압 사이에 차이가 무척 커져요. 다시 말해, 비행기 안에서 밖으로 누르는 힘이 비행기 밖에서 안으로 누르는 힘보다 훨씬 더 강해지는 것이지요. 그 결과, 비행기의 몸체가 커지게 된답니다.

하지만 비행기의 몸체 크기는 비행기가 높이를 낮추어 날면 줄어들어요. 그리고 착륙하면 원래 크기대로 돌아오지요. 땅에서는 비행기 내부의 압력과 비행기 외부의 압력이 같으니까요.

비행기 안의 온도 조절

높은 곳은 기압이 낮을 뿐 아니라 기온도 낮아요. 여객기가 날아다니는 10킬로미터 높이는 영하 45도 이하예요. 냉장고에 달린 냉동실의 온도가 영하 15도쯤 되니까 정말 무시무시하게 추운 셈이에요. 만약 비행기 안까지 이 온도라면 승객들은 아무리 두꺼운 옷을 껴입어도 덜덜 떨겠지요.

비행기 안의 온도 역시 환경 조절 장치가 해결해 준답니다. 엔진에서 공기를 빨아들여 환경 조절 장치로 보내면, 환경 조절 장치는 이 공기를 더욱 압축해요. 압축된 공기는 온도가 올라가지요. 환경 조절 장치는 이렇게 더워진 공기를 비행기 안으로 보내서 비행기 안의 온도가 적절하게 유지되도록 해요. 하지만 그렇다고 비행기 안을 아주 따뜻하게 만들지는 않아요. 그렇게까지 온도를 높이려면 연료가 많이 들거든요. 그래서 비행기 안은 약간 서늘한 상태예요.

환경 조절 장치는 에어컨 역할도 해요. 예를 들어, 비행기가 한여름에 활주로 위에 머물러 있을 때는 비행기 안이 무척 더워요. 이때 환경 조절 장치는 빨아들인 공기의 압력을 낮추어 시원한 공기를 만들어 내지요.

비행기 화장실에 숨은 비밀

비행기 안에서 꼭 필요한 것 중의 하나가 물이에요. 사람이 마실 물도 있어야 하지만 무엇보다도 화장실에서 쓸 물이 있어야 하지요. 그 많은 승객이 화장실에서 볼일을 보고 변기 물을 내리지 못한다면 비행기 전체에 악취가 진동하지 않겠어요?

그런데 비행기가 많은 양의 물을 싣고서 날기는 무척 부담스러워요. 무게가 무거워진 만큼 연료가 더 드니까요. 다 쓴 물을 중간중간에 비행기 밖으로 버리면 어떨까요? 비행기 밖은 기온이 낮아서 물은 금방 얼음이 될 것이고, 그 얼음 덩어리가 땅 위에 떨어졌다가 사람이 맞는다면…… 생각만 해도 끔찍한 일이지요? 그래서 비행기가 하늘을 나는 동안 물을 밖으로 버리는 것은 금지되어 있어요.

중간에 물을 버릴 수 없으니 비행기는 이륙할 때부터 착륙할 때까지 물을 고스란히 싣고 있어야 해요. 그렇다면 물의 양 자체를 줄이는 수밖에 없겠지요. 크게 세 가지 방법이 있어요.

첫 번째 방법은 화장실에서 사용한 물을 또다시 사용하는 것이에요. 물론 더러운 상태 그대로 사용하는 것은 결코 아니지요. 비행기에는 더러운 물을 깨끗한 물로 만드는 시스템이 갖추어져 있거든요.

비행기 화장실

두 번째 방법은 변기 안쪽에 특수 코팅을 하는 것이에요. 이 특수 코팅은 대소변이 변기 안쪽에 묻어 있지 않고 변기 구멍으로 쏙 떨어지게 해 줘요. 그래서 물을 내릴 때 일반적인 화장실보다 적은 양의 물만 흘려보내요.

그런데 두 번째 방법만으로는 변기 안쪽을 완벽히 깨끗하게 하기 힘들기 때문에 세 번째 방법이 있어요. 변기 물이 빨려 들어가는 저장 탱크의 압력을 비행기 내부보다 낮게 하는 것이에요. 그러면 변기 물을 내릴 때 공기도 함께 빨려 들어가면서 변기 안쪽을 깨끗하게 해 줘요. 비행기 화장실 안에서 변기 물을 내리면 소리가 유난히 크게 나지요? 공기까지 변기 속으로 빨려 들어가느라 그런 것이에요.

우리가 평소에 화장실에서 볼일을 보고 물을 내리면 약 6리터의 물이 쓰여요. 하지만 비행기 화장실에서는 이 세 가지 방법을 사용하면 약 2리터의 물만으로도 충분해요. 물의 양을 무려 3분의 1로 줄일 수 있는 것이랍니다.

✈ 비행기 화장실의 원리

비행기가 땅에 있을 때나 낮게 날 때는 진공 발생기(녹색 부분)를 이용해 저장 탱크 속의 압력을 비행기 내부의 압력보다 낮게 만들어요.

비행기가 하늘 높이 날 때는 비행기 밖의 압력이 낮아지므로 저장 탱크 속의 압력도 따라서 낮아져요. 그에 반해, 비행기 내부의 압력은 환경 조절 장치에 의해 비행기 밖의 압력보다 높게 유지돼요. 따라서 굳이 진공 발생기가 가동하지 않아도 돼요.

비행기가 착륙하면 청소차가 비행기 아래쪽의 입구를 열어서 저장 탱크를 비워요. 그리고 청소관(노란색 부분)을 통해 물을 흘려보내 저장 탱크를 깨끗하게 만들지요.

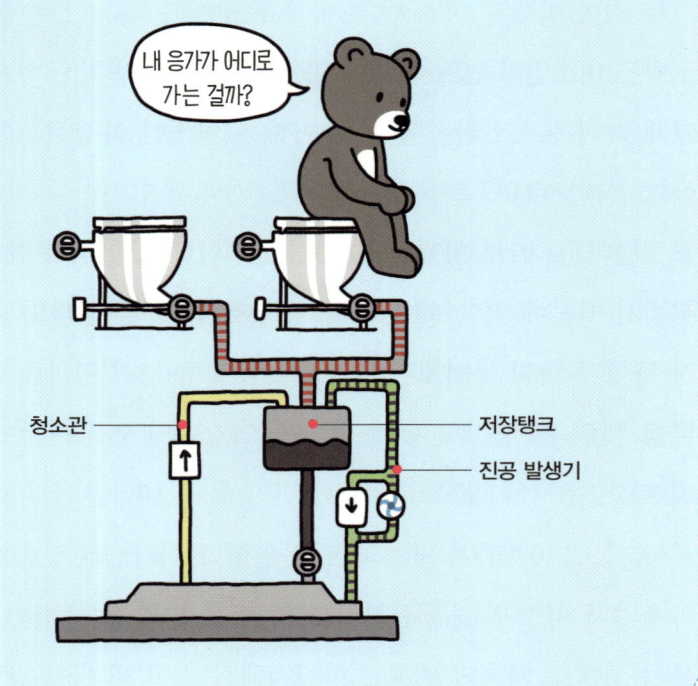

전투기 조종사는 어떻게 볼일을 보지?

몇 명만 타는 작은 비행기 안에는 화장실이 따로 없어요. 그런 비행기는 웬만하면 긴 시간 동안 날지 않기 때문에 화장실이 필요하지 않으니까요. 그래도 만약의 경우를 대비해 작은 비행기 중에는 칸막이로 된 간이 화장실을 갖추는 경우도 있어요. 조종사가 1회용 소변기를 가지고 타기도 하고요.

전투기 조종사는 바지 옆에 조그만 소변 주머니를 달고 타거나, 조종복 안에 기저귀를 차요. 물론 이 기저귀는 아기들이 쓰는 기저귀가 아니라 조종사의 몸에 맞는 성인용 기저귀랍니다.

4부

목적지까지 안전하게

비행기가 무사히 날기 위한 기술과 규칙

비행기에서 가장 중요한 것, 바로 안전이겠지요. 그러자면 하늘에서 헤매지 말고 목적지까지 정확하게 찾아갈 수 있어야 해요. 다른 비행기들의 위치도 신경 써야 하고요. 무엇보다도 비행기를 튼튼하게 만드는 것이 중요하지요.

V1, V1, 이륙하라!

    비행기가 이륙을 하는 과정을 자세히 알아볼까요? 우리가 평소에 타는 여객기를 예로 들어 설명해 줄게요.

    우선 비행기에 조종사와 부조종사, 승무원, 그리고 승객이 모두 탑승하면 비행기의 문을 닫아요. 토잉카가 비행기를 밀어서 후진시켜요. 관제탑에서 비행기 조종사에게 어떤 활주로에서 이륙해야 하는지 알려 줘요. 활주로가 결정되면 비행기는 그 활주로의 출발선으로 천천히 이동하고, 그러는 동안 조종사와 부조종사는 엔진, 보조날개, 수평꼬리날개 등에 이상이 없는지 확인해요. 관제탑에서 이륙 허가를 내릴 때까지 비행기는 활주로 출발선에서 대기하고 있어요.

    마침내 이륙 허가가 나면 조종사는 엔진을 최대로 가동시키고 비행기의 속도를 점점 높여요. 이때 비행기의 속도는 V1(브이원), VR(브이아르), V2(브이투) 이렇게 세 종류로 이루어져요.

V1은 이륙을 결심하는 단계의 속도예요. 만약 속도가 V1이 되기 전에 비행기에서 문제가 발견된다면 엔진을 멈추고 이륙을 포기할 수 있어요. 하지만 이미 속도가 V1 이상이 되었다면

비행기를 이동시키는 토잉카. '항공기 견인차'라고도 해요.

문제가 있더라도 일단은 반드시 이륙해야 해요. 이륙을 포기하면 자칫 활주로 밖으로 벗어나서 비행기가 더 위험해질 수 있거든요. 비행기의 속도가 V1이 되면 부조종사가 "V1"이라고 외치고 뒤이어 조종사도 똑같이 "V1"이라고 외쳐요.

비행기가 계속 속도를 높이면 VR에 이르러요. VR는 비행기의 앞부분을 드는 단계의 속도예요. 조종사가 조종간을 당기면 비행기의 앞부분이 위쪽을 향해요.

이제 비행기의 속도가 V2에 이르러요. V2는 위로 떠오르는 단계의 속도예요. 비행기의 바퀴가 모두 땅에서 떨어져요. 비행기는 바퀴를 몸체 안으로 집어넣고 본격적으로 하늘을 향해 올라가요. 비행기가 성공적으로 이륙한 것이지요.

이륙에 대해 알아보았으니 이제 착륙에 대해서도 알아봅시다. 이륙할 때와 마찬가지로 착륙할 때도 관제탑에서 착륙 허가를 내리고 활주로를 지정해 줘요. 비행기가 착륙하기 위해서는 우선 속도를 줄여

주날개의 뒤쪽에 달린 플랩이 젖혀진 모습   비행기 바퀴

야 해요. 비행기 양쪽 날개의 뒷부분에 달린 플랩이 아래로 최대한 젖혀지면서 브레이크 역할을 하지요. 비행기 몸체 안에 있던 바퀴가 밖으로 나와요. 관제탑에서 지정한 활주로가 가까워지고 마침내 바퀴가 땅에 닿아요. 이때 비행기가 활주로에 사뿐히 내릴 수도 있지만 바람이 세게 부는 등 주변 상황이 썩 좋지 않을 때는 쾅 소리가 날 정도로 덜커덩하며 내릴 수도 있어요.

비행기가 착륙하고 나면 얼마 안 있어 "쏴아!" 하는 소리가 나요. 엔진에서 분출되는 공기를 옆으로 내보내는 소리예요. 이렇게 하는 것은 비행기의 속도를 줄이기 위해서예요. 자, 이제 비행기가 완전히 멈추고 좌석의 등이 꺼졌어요. 승객들은 자리에서 일어나 비행기에서 나가지요. 이렇게 또 한 번의 비행이 무사히 끝난 것이랍니다.

비행기 타이어

비행기 타이어는 활주로에서 마찰이 심하게 되어서 자동차 타이어보다 훨씬 빨리 닳아요. 그래서 250~350번의 이륙과 착륙을 하고 나면 새로운 타이어로 교체해요. 물론 평소에도 수시로 타이어를 점검해서 많이 닳았다 싶으면 교체해 주지요.

비행기 타이어는 다른 타이어보다 더 크고 튼튼하게 만들기 때문에 그만큼 가격이 무척 비싸요. 대형 여객기에는 바퀴가 스무 개도 넘게 달리다 보니 비용이 많이 들어요. 그래서 타이어의 표면을 최대한 일곱 번까지 재생해서 비용을 줄이기도 한답니다.

비행기는 하늘에서 어떻게 길을 찾을까?

하늘에는 땅 위에서처럼 길이 따로 나 있지 않아요. 도로 표지판 같은 것도 없어요. 그런데도 비행기는 길을 잃지 않고 목적지를 찾아가요. 어떻게 그럴 수 있을까요?

알고 보면 하늘에는 비행기를 위한 길이 있답니다. 비록 땅 위의 길처럼 눈에 보이지는 않지만 사람들이 함께 지키기로 약속한 길이에요. 비행기는 그 길을 따라 날아야 해요.

비행기가 다니는 길을 항공로라고 하고, 항공로가 표시된 지도를 항공 지도라고 하지요. 항공 지도는 각 나라에서 항공 교통을 책임지는 관청이 만들어 국제적으로 공개하게 되어 있어요. 우리나라에서는 국토교통부가 만들지요. 항공 지도는 너무나 복잡하기 때문에 여러분은 '이게 뭐야.' 하는 생각이 들지도 몰라요. 하지만 조종사들은 항공 지도에 표시된 항공로를 정확하게 찾아서 비행하도록 훈련을 받는답니다.

그런데 비행기가 목적지를 정확히 찾아가기 위해서는 항공 지도만 가지고는 충분하지 않아요. 또 필요한 것이 있지요. 현재 비행기가 날아가고 있는 위치를 파악할 수 있는 장치예요.

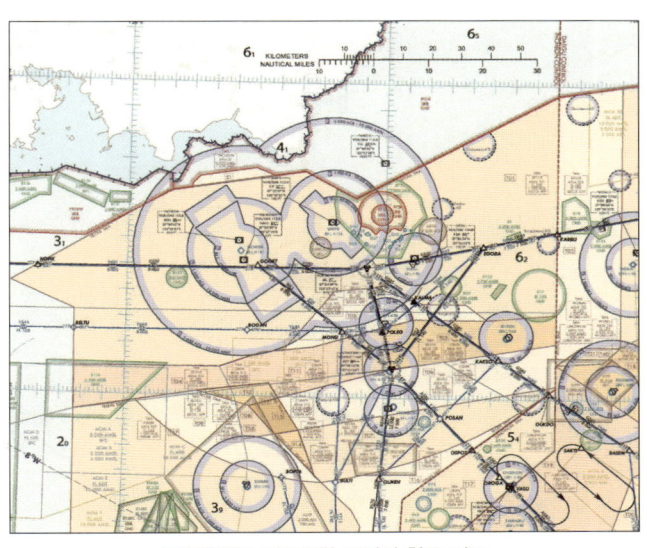
인천공항과 김포공항 주변의 항공 지도

그동안 널리 이용되어 온 것은 전파 등대예요. 바닷가에 서 있는 등대가 밤에 배가 길을 잃지 않도록 불을 비추어 주는 것처럼, 전파 등대는 비행기를 위해 전파를 쏘아 줘요. 물론 바닷가의 등대와는 달리 낮에도 활동하지요.

비행기는 어느 한 위치에 있는 전파 등대가 보내는 전파를 파악해, 그 전파 등대를 기준으로 비행기가 어느 각도의 방향에 있는지 계산해 내요. 이때 북쪽을 기준으로 시계 방향으로 돌아가면서 각도를 따져요. 예를 들어, 비행기가 전파 등대의 동쪽에 있으면 '90도 방위', 남쪽에 있으면 '180도 방위', 서쪽에 있으면 '270도 방위', 그리고 북쪽에 있으면 '360도 방위'라고 표현해요.

그런 다음, 비행기는 또 다른 위치에 있는 전파 등대와의 각도도

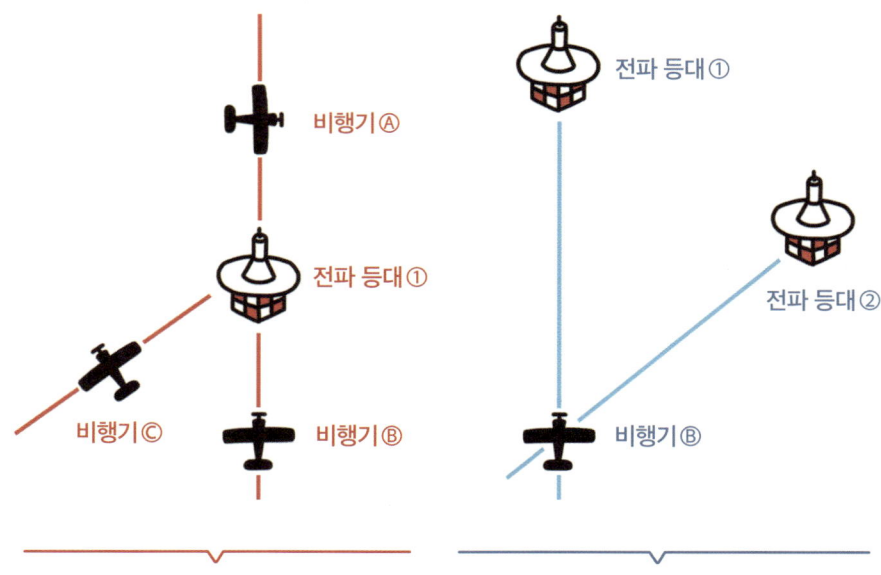

(왼쪽) 전파 등대①을 기준으로 비행기Ⓐ는 360도 방위, 비행기Ⓑ는 180도 방위, 비행기Ⓒ는 225도 방위예요.
(오른쪽) 전파 등대②를 기준으로 비행기Ⓑ는 225도 방위예요. 전파 등대①에서 180도 방위로 직선을 긋고, 전파 등대②에서 225도 방위로 직선을 그어요. 두 직선이 만나는 지점이 비행기Ⓑ의 현재 위치예요.

계산해요. 그리고 두 각도를 비교해서 비행기의 현재 위치를 알아내요. 두 각도에 맞추어 전파 등대에서 각각 직선을 그어 보면, 두 직선이 만나는 지점이 바로 비행기의 현재 위치가 되거든요.

그런데 이렇게 전파 등대를 이용하는 방법은 정확성이 다소 떨어져요. 그래서 여러 보완 장치를 동원하기도 하지요.

요즘에는 인공위성을 이용하는 방법이 각광받고 있어요. 인공위성이 보내는 전파를 파악해 위치를 알아내는 것이지요. 우리 주위에서

전파 등대

흔히 볼 수 있는 자동차용 내비게이션 장치와 같은 원리예요. 이 방법도 단점은 있어요. 인공위성이 워낙 멀리 떨어져 있어서 전파가 약하다 보니 불법 방해 장치의 영향을 받을 위험이 있다는 것이에요. 그래서 많은 비행기가 어느 한 방법에만 의존하지 않고 이 두 방법을 모두 활용하고 있답니다.

비행장의 불빛들

비행장에도 비행기가 길을 잘 찾도록 해 주는 장치들이 있어요. 주로 비행기가 비행장 가까이 있을 때나 착륙을 할 때 도움이 되지요. 어떤 것들이 있는지 한번 살펴볼까요?

앞에서 우리는 비행기를 위한 전파 등대에 대해 알아보았어요. 그런데 비행기를 위한 등대가 또 있어요. 비행장 등대 또는 공항 등대라 하는 것으로, 이름 그대로 비행장에 설치되어 있는 등대랍니다. 비행장 등대는 대개 비행장 건물 옥상에 설치되어 있고, 빙글빙글 돌아가며 멀리까지 불빛을 비추어요. 비행기는 주위가 어두울 때 이 불빛을 보고 비행장을 알아볼 수 있어요.

비행장 등대가 비추는 불빛은 비행장의 종류에 따라 색깔과 횟수가 달라요. 보통 사람들이 평소 이용하는 비행장, 즉 공항에서는 흰색 불빛을 한 번, 녹색 불빛을 한 번, 이렇게 반복해서 비추어요.

비행장 등대

군대가 이용하는 비행장에서는 흰색 불빛을 두 번, 녹색 불빛을 한 번, 이렇게 반복해서 비추고요. 물 위에서 뜨고 내릴 수 있는 수상 비행기가 이용하는 비행장에서는 흰색 불빛과 노란색 불빛을, 헬리콥터가 이용하는 비행장에서는 흰색 불빛과 노란색 불빛과 초록색 불빛을 번갈아 비추지요.

활주로 등

비행장에는 여러 전등도 달려 있어요. 주로 활주로 위나 그 주변에 많아요. 활주로의 가장자리를 표시하는 전등, 활주로의 중심선을 표시하는 전등, 활주로의 시작 지점과 끝 지점을 표시하는 전등, 활주로에서 나와서 이동하는 길을 표시하는 전등…… 무척 다양하지요. 활주로 끄트머리의 양쪽에는 비행기가 활주로와 적절한 각도를 이루며 착륙하고 있는지 표시해 주는 전등도 있어요. 이것들은 어두울 때 비행기가 활주로의 위치를 잘 파악하고 안전하게 착륙할 수 있도록 해 준답니다.

비행기를 위한 신호등도 있을까?

땅 위에 자동차가 다니는 길이 있듯이 하늘에는 비행기가 다니는 길이 있어요. 그렇다면 자동차가 다니는 길에 신호등이 있듯이 비행기가 다니는 길에도 신호등이 있을까요?

물론 하늘에 신호등 같은 것이 설치되어 있지는 않아요. 대신 땅 위의 관제탑이 신호등 역할을 해 준답니다.

공항에는 웬 굴뚝처럼 기다란 건물이 솟아 있어요. 이 건물은 바로 관제탑이에요. 비행기가 안전하게 다니도록 관리하는 곳이지요. 관제탑에서 이 일을 하는 사람들을 관제사라고 해요. 땅 위에서 정지, 직진, 좌회전 등 신호등의 표시에 따라 자동차들이 움직이는 것처럼, 하늘에서는 관제탑에서 보내는 안내와 지시에 따라 비행기들이 움직여요.

관제탑이 있는 공항 근처에는 비행기가 어디에서 날고 있나, 어디

공항 관제탑

를 향해 가고 있나를 파악하는 레이다가 있어요. 관제사들은 이 레이다를 계속 확인하면서 비행기가 정해진 길대로 잘 날고 있는지, 비행기들끼리 너무 가까이 있어서 충돌할 위험이 있지는 않은지 감시해요. 만약 무언가 위험한 일이 생길 수 있다고 판단되면 비행기 조종사에게 연락을 취해 방향이나 높이를 바꾸도록 하지요.

   비행기가 무사히 이륙하고 착륙하도록 하는 것도 관제탑의 중요한 역할이에요. 관제사들은 비행기에 이륙 허가나 착륙 허가를 내리고, 어느 방향으로 날아올라야 하는지 또는 어느 방향으로 내려와야 하는지 지시해요. 비행기는 반드시 관제탑의 허가를 받아야 이륙하고 착륙할 수 있기 때문에 때로는 목적지에 도착하고서도 허가를 기다리느라 주변을 빙빙 날며 기다리기도 해요.

빛총으로 신호를 보내는 관제사

관제탑에는 신호등과 비슷하게 불빛을 이용하는 장치도 있어요. '빛총'이라는 것이지요. 이름에서 짐작할 수 있듯이 불빛을 쏘아 비행기에 신호를 보내요. 사실 빛총은 정상적인 상황에서는 쓰이지 않아요. 착륙하려는 비행기의 무전기가 고장 나서 관제사와 조종사가 음성 통신을 하는 것이 불가능한 경우에 빛총이 동원되지요.

무전기가 고장 난 상황에서 조종사가 관제사에게 그 사실을 어떻게 알리냐고요? 이런 상황을 대비해 비행기에는 트랜스폰더라는 장치가 있어요. 전파 신호를 보내는 장치랍니다. 트랜스폰더의 코드를 '7600'으로 맞추면 이것은 곧 '무전기에 이상이 생겼다'라는 의미예요. 관제사는 7600이라는 신호를 보면 즉시 빛총으로 그 비행기를 향해 불빛을 쏘아요. 물론 조종사도 빛총의 불빛을 놓치지 않기 위해 관제탑을 주의해서 쳐다보고 있어야 겠지요.

빛총이 초록색 불빛을 계속 쏘면 착륙해도 좋다는 신호이고, 초록색 불빛을 깜빡깜빡하면 접근해도 좋다는 신호예요. 빨간색 불빛을 계속 쏘면 다른 비행기가 먼저 착륙하도록 양보하고 주위를 돌며 기다리고 있으라는 신호이고, 빨간색 불빛을 깜빡깜빡하면 공항이 안전하지 않으니 착륙하지 말라는 신호이지요. 빨간색 불빛과 초록색 불빛을 번갈아 깜빡깜빡하면 무척 위험하므로 조심하라는 경고의 신호이고요.

트랜스폰더(빨간 선 안쪽)

비행기를 부르는 특별한 방법

관제탑에서 비행기를 부르는 이름을 콜 사인이라고 해요. 소형 비행기는 등록 번호와 그 비행기 모델 이름이 콜 사인이 돼요. 나라마다 비행기 등록 번호의 첫 부분이 달라서 등록 번호만 보아도 그 비행기가 어느 나라의 것인지 금방 알 수 있어요. 우리나라 비행기의 등록 번호는 'HL'로 시작하고 미국 비행기의 등록 번호는 'N'으로 시작해요.

그런데 등록 번호에서 숫자는 그냥 영어로 읽으면 되지만 알파벳은 읽는 방법이 독특해요. 그 알파벳으로 시작하는 특정한 코드로 바꾸어 읽어야 하지요. 그냥 영어로 읽으면 너무 짧아서 헷갈릴 수도 있기 때문이에요. 예를 들어, '엔(N)'을 '엠(M)'이라고 잘못 들을 수도 있잖아요. 그래서 만약 어떤 비행기의 등록 번호가 'HL1234'라면 '에이치 엘 원 투 쓰리 포'라고 읽는 것이 아니라 '호텔 리마 원 투 쓰리 포'라고 읽어요.

항공사에서 소유하고 있는 여객기도 등록 번호가 있어요. 하지만 등록 번호 대신 그 비행기가 속한 항공사의 영문 약자, 그리고 항공사에서 비행기에 붙인 숫자를 콜 사인으로 이용해요. 대한항공의 영

문 약자는 'KE'이고 아시아나항공의 영문 약자는 'OZ'예요. 그 뒤에 보통 세 자리 숫자를 붙이지요. 여러분이 공항에서 비행기를 탈 때 티켓을 보면 그 비행기의 콜 사인이 적혀 있을 거예요.

알파벳	코드	발음	알파벳	코드	발음
A	Alpha	알파	N	November	노벰버
B	Bravo	브라보	O	Oscar	오스카
C	Charlie	찰리	P	Papa	파파
D	Delta	델타	Q	Quebec	퀘벡
E	Echo	에코	R	Romeo	로미오
F	Foxtrot	폭스트롯	S	Sierra	시에라
G	Golf	골프	T	Tango	탱고
H	Hotel	호텔	U	Uniform	유니폼
I	India	인디아	V	Victor	빅터
J	Juliet	줄리엣	W	Whiskey	위스키
K	Kilo	킬로	X	Xray	엑스레이
L	Lima	리마	Y	Yankee	양키
M	Mike	마이크	Z	Zulu	줄루

비행기끼리 부딪치지 않으려면?

놀이공원에서 범퍼카를 타 보았나요? 범퍼카는 일부러 서로 부딪칠수록 더욱 재미있지요. 하지만 실제 도로에서 자동차가 그렇게 부딪치면 큰일 나잖아요. 그래서 자동차끼리는 앞뒤로 어느 정도 간격을 유지할 뿐만 아니라 같은 차로에서는 서로 같은 방향으로만 달리도록 정해져 있어요.

비행기도 이처럼 지켜야 하는 간격이 있어요. 비행기끼리는 서로 안전한 간격을 지키는 것이 무엇보다 중요하답니다. 특히 위로 아래로 다른 비행기와 일정한 간격을 두고 날도록 되어 있지요.

원래는 약 9000~1만 2000미터 높이에서 날 때 2000피트의 간격을 두는 것이 원칙이었어요. 피트는 미국에서 주로 쓰이는 길이 단위로, 2000피트는 약 600미터예요. 그런데 원칙이 약간 바뀌어 이 간격이 1000피트, 즉 약 300미터로 줄어들었어요.

　왜 원칙을 바꾸었을까요? 하늘을 오가는 비행기가 늘어났기 때문이에요. 간격을 줄이면 그만큼 더 많은 비행기가 다닐 수 있잖아요. 또한 항공 기술이 발달했기 때문이기도 해요. 덕분에 비행기들끼리 간격이 줄어들어도 부딪칠 염려 없이 안전하게 다닐 수 있게 된 것이지요. 그래서 기술적으로 준비가 잘되어 있다고 인정받은 나라나 항공사만 바뀐 원칙대로 할 수 있어요. 우리나라는 2005년부터 새로운 원칙을 적용하게 되었지요.

　9000미터보다 낮은 높이에서는 일단 높이의 간격을 1000피트 단위로 나눈 다음, 이동하는 방향에 따라 지나가야 하는 높이를 정해 놓았어요. 동쪽, 북동쪽, 남동쪽 등 전체적으로 서쪽에서 동쪽으로 갈 때는 3000피트나 5000피트, 7000피트와 같이 홀수로 시작하는 높이

✈ 9000미터보다 낮은 높이에서 비행기끼리의 간격

높이를 1000피트 단위로 나누고, 비행기가 동쪽으로 향할 때는 그중 홀수로 시작하는 높이에 500피트를 더한 높이에서 날아요. 서쪽으로 향할 때는 짝수로 시작하는 높이에 500피트를 더한 높이에서 날아요. 비행기끼리의 간격은 1000피트가 돼요.

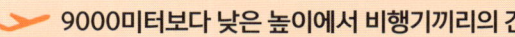

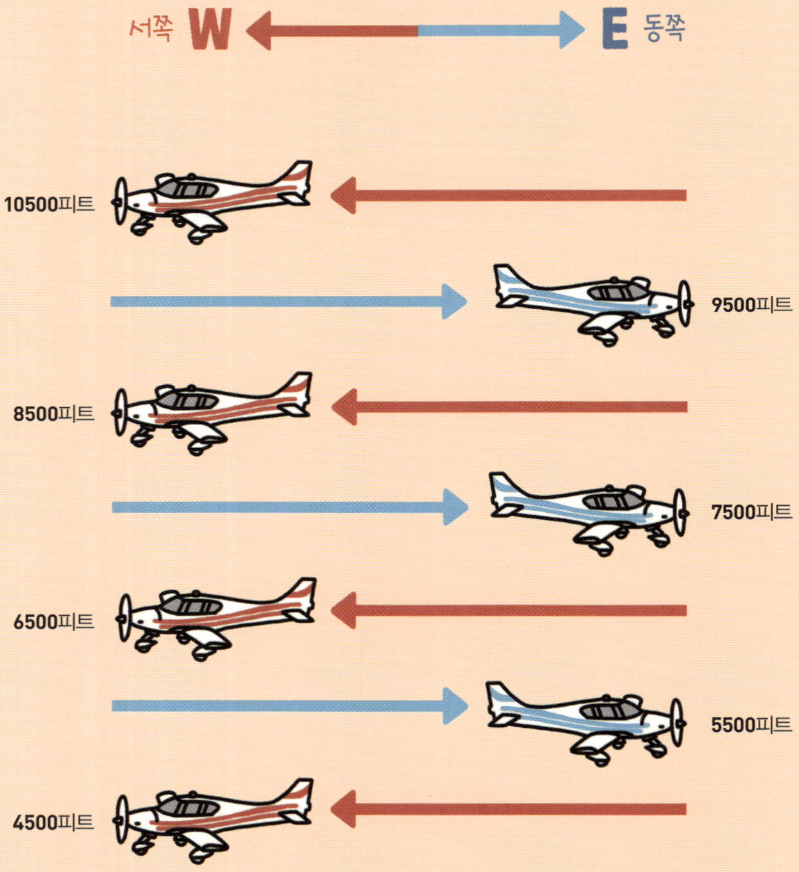

10500피트

9500피트

8500피트

7500피트

6500피트

5500피트

4500피트

에다 500피트를 더한 3500피트, 5500피트, 7500피트 등의 높이에서 날아요. 그리고 서쪽, 남서쪽, 북서쪽 등 전체적으로 동쪽에서 서쪽으로 갈 때는 4000피트나 6000피트, 8000피트와 같이 짝수로 시작하는 높이에다 500피트를 더한 4500피트, 6500피트, 8500피트 등의 높이에서 날아요. 이 원칙은 주로 경량항공기에 해당돼요.

비행기끼리 부딪치지 않도록 하기 위한 방법으로 충돌 방지 장치도 이용돼요. 비행기에 달려 있는 이 장치는 주위에 있는 다른 비행기들의 위치, 높이, 속도 등을 확인해요. 만약 부딪칠 위험이 있다고 판단되면 조종사에게 경고 신호를 보내지요.

관제탑도 중요한 역할을 해요. 관제탑도 역시 주변 비행기들의 움직임을 파악하고 있지요. 그래서 비행기들끼리 너무 가까워지지 않도록 무전기를 통해 지시를 내려요.

비행기가 번개를 만나면?

비행기가 하늘을 나는 동안 부딪힐 수도 있는 것이 또 있어요. 다름 아닌 번개랍니다. 다른 비행기와는 일정한 간격을 두고 날면 되지만 번개는 그럴 수 없어요. 번개는 예고 없이 갑작스럽게 부닥쳐 오잖아요. 그러니 번개를 피하기는 불가능해요. 하지만 번개에 맞아도 비행기를 안전하게 지키는 방법이 있답니다.

높은 건물에는 피뢰침이라고 하는 뾰족한 금속 막대기가 달려 있어요. 번개는 건물 대신 피뢰침에 맞아 땅속으로 흘려 보내져요. 비행기에도 일종의 피뢰침 같은 장치가 있지요. 비행기 날개의 끄트머리

비행기 옆날개의 정전기 방지 장치

비행기 꼬리날개의 정전기 방지 장치

부분을 잘 살펴보면 뾰족한 금속 막대기가 여러 개 붙어 있는 것을 발견할 수 있어요. 정전기 방지 장치라고 불리는 것이에요. 번개는 이 장치를 통해 공중으로 흘러 나가요. 그래서 비행기 안에 있는 사람들은 비행기가 번개를 맞아도 그 사실을 알아차리지도 못하곤 하지요.

비행기 엔진이 고장 나면 어떻게 될까?

엔진은 곧 비행기의 심장과도 같다고 했지요. 그런데 비행기가 하늘을 나는 동안 무언가 문제가 생겨서 엔진이 전부 멈추어 버리면 어떻게 될까요? 자동차는 달리다가 엔진이 멈추면 길 한쪽에 세워 놓고 도움을 청하면 될 텐데, 비행기는 하늘에서 정지한 채 있을 수가 없잖아요.

전투기처럼 작고 빨리 나는 비행기는 엔진이 멈추면 곧장 빠른 속도로 추락해요. 이런 경우에 전투기 조종사들은 비상 탈출을 해요. 조종사가 앉아 있는 채로 좌석이 비행기 밖으로 솟구치고, 그런 다음 조종사는 낙하산으로 땅에 착륙하지요. 단, 땅 위에 피해가 가지 않도록 사람들이 없는 쪽으로 비행기의 방향을 바꾼 이후에 비상 탈출을 해야 해요.

여객기처럼 큰 비행기는 엔진이 멈추어도 바로 추락하지는 않아요.

이런 비상 상황을 대비해 마련되어 있는 전기 공급 장치 덕분이에요. 그래서 최소한 30분 정도는 수 킬로미터 거리를 천천히 내려가면서 날 수 있어요. 마치 글라이더처럼 말이지요. 조종사는 이 시간 안에 안전한 곳을 찾아 비상 착륙을 해야 해요. 가까운 공항에 착륙한다면 좋겠지만, 근처에 공항이 없을 때는 강 위에 착륙하기도 해요.

경량항공기 중에는 추락에 대비해 낙하산이 달린 것도 있어요. 보통은 조종사가 비상 스위치를 눌러야 낙하산이 펴지는데, 요즘은 조종사가 정신을 잃은 채 추락하고 있으면 자동으로 낙하산이 펴지는 장치도 있답니다.

낙하산을 편 비행기

허드슨강에 착륙한 비행기

2009년 1월 미국 뉴욕의 공항에서 150명의 승객을 태운 비행기가 막 이륙했어요. 그런데 이륙하고 얼마 되지 않아 새 떼가 엔진에 빨려 들어갔지 뭐예요. 불이 붙으면서 모든 엔진이 정지했어요. 비행기는 천천히 추락하기 시작했지요.

두 조종사는 근처의 허드슨강에 비상 착륙을 하기로 했어요. 물 위에 비행기를 착륙시키는 것은 쉽지 않은 일이에요. 자칫 잘못하면 큰 사고로 이어질 수도 있어요. 하지만 두 조종사는 무사히 비상 착륙을 해냈지요. 모든 승객과 승무원이 안전하게 구조될 수 있었어요.

비상 착륙이 성공할 수 있었던 것은 물론 조종사의 뛰어난 상황 판단력 때문이지만 그 외에도 여러 가지가 이유가 있었어요. 관제탑의 관제사는 조종사로부터 상황을 전해 듣고 허드슨강에 구조대가 출동하도록 했어요. 승무원들은 승객들이 질서를 지키며 비행기 밖으로 탈출하도록 했어요. 헬리콥터 등 구조대는 비행기가 비상 착륙을 하기도 전에 이미 도착해 있었어요. 허드슨강에 있던 많은 유람선과 보트도 승객들을 구조하는 데 힘을 보탰어요. 그리고 비행기가 이토록 위험한 상황에 대비할 수 있도록 설계하고 만든 사람들의 공도 크다

는 것도 잊으면 안 되겠지요.

이 일은 '허드슨강의 기적'이라 불리고 있어요. 지혜와 따뜻한 마음이 모여 기적을 만들어 낸 거예요.

첫째도 안전, 둘째도 안전

혹시라도 사고가 날까 무서워서 비행기를 타기가 겁나나요? 하지만 비행기 사고가 일어날 확률은 아주아주 낮아요. 실제로 미국에서 조사해 보니 비행기 사고를 당할 확률은 번개에 맞을 확률이나 상어의 공격을 받을 확률보다도 훨씬 낮다고 해요. 오히려, 비행기를 타기 위해 공항으로 가다가 자동차 사고를 당할 위험이 100배나 더 크다나요.

안전은 비행기를 만드는 사람들의 최대 관심사이지요. 비행기를 설계할 때는 온갖 위험한 상황을 다 고려해요. 또 설계한 대로 비행기가 위험에 잘 대처하는지 여러 번의 실험을 통해 확인해요.

비행기를 타고 가다 보면 간혹 "갑작스러운 난기류로 인해 비행기가 흔들릴 수 있으니 승객 여러분은 각자의 자리로 돌아가서 안전벨트를 매 주시기 바랍니다"라는 안내 방송이 나올 때가 있어요. 난기

한국항공우주연구원에서 비행기 실험을 하는 모습

류란 방향과 속도가 불규칙한 거대한 바람으로, 비행기에 큰 충격을 주거든요. 잠시 후, 안내 방송대로 비행기가 심하게 흔들려요. 창밖을 보니 날개도 흔들리고 있어요. 하지만 걱정할 필요 없어요. 비행기는 중력의 여섯 배나 되는 압력을 받아도 견딜 수 있도록 만들어졌으니까요. 그중에서도 비행기 좌석은 중력의 열여섯 배까지도 견딜 수 있고요.

혹시 옆에 앉아 있는 친구가 불안해하고 있다면 이런 말로 안심시켜 주세요.

"이 비행기는 중력의 여섯 배까지도 견딜 수 있는데 지금 많아 봐야 중력의 두 배 정도일 거야. 그러니까 몸체에 금이 간다든가 날개가 부러진다든가 하는 일은 절대로 일어날 수 없어."

　이렇게 안전하게 만들어진 비행기라 해도 조종사나 정비사가 실수를 한다면 사고가 날 수 있겠지요. 그래서 항공사들은 이런 실수까지도 막기 위해 신경 쓰고 있어요. 조종사들이 건강한 몸을 유지하도록, 정비사들이 고장 난 부분을 깜빡 놓치고 넘어가지 않도록 세심하게 확인하고 또 확인해요. 예를 들어, 한 여객기 안에서 조종사와 부조종사는 서로 다른 메뉴의 식사를 하도록 되어 있어요. 혹시라도 둘 다 배탈이 나는 것을 막기 위해서지요.

항공 사고 수사대

비행기를 포함해 항공기와 관련이 있는 사고를 '항공 사고'라고 해요. 단 한 번의 항공 사고로도 많은 사람이 희생될 수 있어요. 그래서 정부에는 항공 사고를 전문적으로 다루는 조직이 있어요. 우리나라의 경우, 국토교통부 아래에 있는 항공철도사고조사위원회가 바로 그런 곳이에요. 이름에서 짐작할 수 있듯이 항공 사고뿐 아니라 철도 사고도 조사하지요. 항공 사고의 원인을 따지는 것은 누구의 잘못인지 알아내기 위한 목적도 있지만, 그보다 더 큰 목적은 비슷한 사고가 다시는 일어나지 않도록 하는 것이지요.

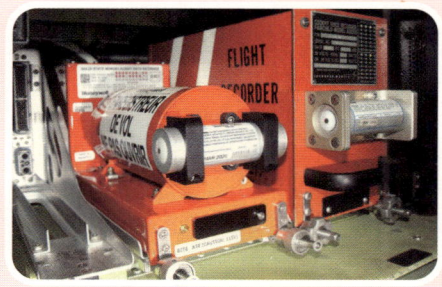

블랙박스

항공 사고를 조사할 때 꼭 필요한 것이 블랙박스예요. 블랙박스란 비행 상태, 조종실의 상황 등을 기록하는 장치로, 여기에 기록된 내용을 분석하면 보다 쉽게 사고의 원인을 확인할 수 있어요. 그런데 블랙박스는 이름과는 달리 검은색이 아니고 붉은색이에요. 그래야 부서진 비행기 속에서도 눈에 잘 띌 수 있으니까요.

하늘 위의 생명줄, 산소마스크

 혹시나 비행기가 하늘을 날다가 무언가 문제가 생기는 바람에 비행기 안에 공기가 부족해지면 어떻게 될까요? 그대로 두었다가는 사람들이 정신을 잃고, 심해지면 목숨까지 잃을 거예요. 이럴 때를 대비해 비행기에는 산소마스크가 달려 있어요.

 여객기를 타면 출발하기 전에 승무원이 산소마스크 쓰는 법을 알려 주지요. 비상 상황이 되면 산소마스크가 자동으로 내려오기 때문에 자기 자리에서 산소마스크를 쓰면 돼요. 승무원은 자유롭게 돌아다니며 승객들을 돕기 위해 따로 작은 휴대용 산소통을 이용하기도 해요. 산소마스크가 모자랄 일은 없어요. 비행기의 정원보다 10퍼센트 많은 산소마스크를 준비해 놓도록 법으로 정해져 있거든요.

 여기서 퀴즈 하나! 비행기 안에서 산소마스크를 써야 하는 상황이 닥치면 어른인 엄마 아빠가 먼저 써야 할까요, 어린이인 여러분이 먼

✈ 산소마스크 쓰는 법

❶ 산소마스크는 좌석 위쪽의 선반 속에 있어요. 산소 공급이 필요한 비상 상황이 되면 저절로 내려와요.

❷❸ 산소마스크를 앞으로 잡아당겨 코와 입에 대고 끈을 당겨 머리에 맞게 고정해요.

❹ 도움이 필요한 아이나 노인이 옆에 있으면 산소마스크를 쓰도록 도와줘요.

저 써야 할까요? 정답은 '어른부터'예요. 어린이를 보호하겠다며 먼저 산소마스크를 씌워 주려다가 어른이 정신을 잃을 수 있거든요. 그러면 결국 어른도 어린이도 모두 위험에 처하게 돼요. 그래서 반드시 어른이 먼저 산소마스크를 쓰고 정신을 똑바로 차린 다음에 어린이에게 산소마스크를 씌워 주어야 해요.

그런데 산소마스크의 산소는 어디에서 올까요? 비행기에 거대한 산소통이 달려 있는 것일까요? 그렇지 않아요. 산소는 사람이 숨을 쉬는 데 꼭 필요한 것이기도 하지만 한꺼번에 많이 모여 있으면 자칫 큰 사고를 낼 수도 있어요. 작은 불꽃이라도 많은 산소를 만나면 확 커져서 펑 하고 거대한 폭발을 일으키거든요. 그래서 비행기는 산소를 직접 싣고 다니는 대신 산소를 만들 수 있는 약품들을 싣고 다녀요. 그러다가 산소마스크가 필요하게 되면 그 약품들을 섞어서 산소를 만들어 공급하지요. 이렇게 만들어진 산소는 사람이 약 15분 동안 숨을 쉴 수 있게 해 주는데, 이 정도면 비행기가 공기가 많은 높이로 내려오기에 충분한 시간이랍니다.

비행기에는 산소마스크 외에도 사고를 대비한 여러 도구들이 있어요. 구명조끼는 물 위에 비상 착륙을 했을 때 필요해요. 끈을 당기면 자동으로 부풀어 오르지요. 너무 일찍 부풀어 오르면 비좁은 비행기 복도를 지나기 어려워지기 때문에 비행기 밖으로 나가기 바로 직전에 끈을 당겨야 해요. 마치 미끄럼틀같이 생긴 슬라이드는 비행기에서 빨리 탈출하게 해 줘요. 물 위에서는 보트 역할도 한답니다.

비행기 승무원

비행기 승무원들은 참 멋있어 보이지요? 입고 있는 유니폼도 근사하고요. 비행기에 타면 승무원들이 좌석을 안내해 주기도 하고, 짐을 넣어 주기도 하고, 식사와 음료수를 나누어 주기도 해요. 하지만 뭐니 뭐니 해도 승무원들에게 가장 중요한 임무는 승객들의 안전을 지키는 것이지요.

그래서 승무원들은 많은 훈련을 받아요. 비행기가 비상 착륙을 했을 때 승객들을 안전하게 밖으로 대피시키는 법, 비행기 안에 불이 났을 때 여러 종류의 소화기를 다루는 법, 승객들 중 갑자기 환자가 생겼을 때 응급 처치를 하는 법 등을 훈련하지요. 이 외에도, 승무원이 병에 걸렸다가 승객들에게 옮길 수도 있기 때문에 스스로의 건강도 철저히 챙겨요.

승무원으로서 일하는 것이 결코 쉽지 않다는 사실을 잘 알겠지요? 다음에 비행기에 탔을 때 승무원의 도움을 받으면 "감사합니다." 하고 인사해 보세요.

저희 임무는 승객의 안전이죠!

5부

사람이 타지 않는 비행기가 있다고?

무 인 비 행 기 의 세 계

요즘 무인 자동차를 개발하기 위한 연구가 활발하게 이루어지고 있어요. 그런데 아세요? 이미 무인 비행기는 우리 생활 깊숙이 들어와 있다는 사실. 무인 비행기의 원리부터 다양한 쓰임새까지 두루두루 살펴봅시다.

 땅에서 조종하는 비행기

오늘날 여객기 조종석에는 두 사람이 타요. 조종사와 부조종사이지요. 그런데 처음으로 여객기가 대륙과 대륙 사이를 다니기 시작한 1950년대에는 조종석에 무려 다섯 사람이 탔어요. 조종사와 부조종사 외에도 기관사, 항법사, 통신사가 반드시 있어야 했거든요.

조종사와 부조종사는 당연히 비행기를 직접 조종하는 사람이지요. 기관사는 엔진을 포함해 비행기의 여러 장치를 관리하는 사람이었어요. 항법사는 비행기가 날고 있는 위치와 방향을 측정해 조종사에게 알려 주는 사람이었고요. 통신사는 무전기를 통해 땅 위의 관제탑과 소통하는 사람이었답니다.

그러다 1960년대에는 통신사가, 1970년대에는 항법사가, 1980년대에는 기관사가 여객기 조종석에서 빠지게 되었어요. 과학 기술이 발전하면서 통신사, 항법사, 기관사의 일을 알아서 해 주는 비행기가 등장

미국의 군사용 무인기, 프레데터

했기 때문이지요.

 이제는 컴퓨터를 이용해 여객기를 자동으로 조종할 수 있는 장치도 개발되어 널리 쓰이고 있어요. 조종사가 목적지를 입력하면 알아서 항공로를 찾아 방향을 잡아 주지요. 하지만 이 장치만 무조건 믿고 비행하는 것은 위험하기 때문에 반드시 조종사가 있어야 해요.

 조종사가 타지 않아도 되는 여객기는 아직 개발되지 않았어요. 하지만 여객기가 아닌 비행기 중에는 조종사 없이 날 수 있는 것이 이미 나와 있어요. 이런 비행기를 무인기 또는 무인 비행기라고 해요. 영어로는 '드론'이라고 하지요. 여러분은 드론 하면 회전 날개가 여러 개 달려서 자유자재로 나는 작은 항공기를 떠올릴 거예요. 하지만 그

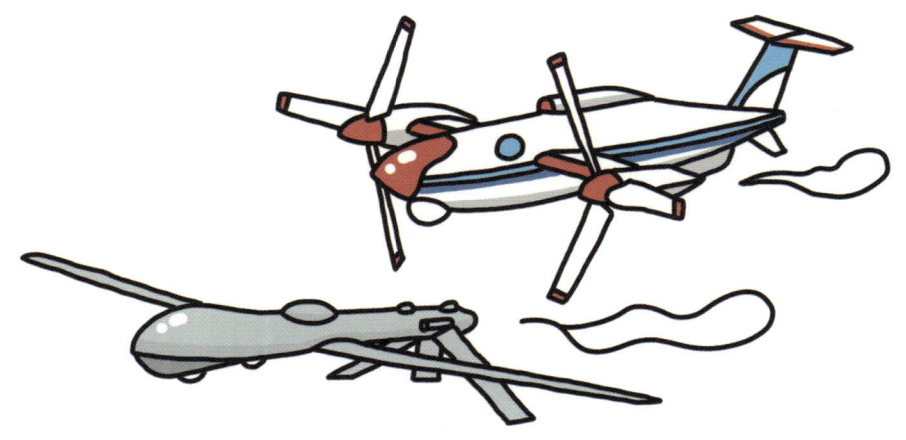

러한 항공기의 정확한 이름은 멀티콥터이고, 원래 드론은 무인기를 가리키는 말이랍니다. 멀티콥터에 대해서는 뒤에서 알아보기로 하고 여기서는 무인기에 대해 더 살펴보기로 해요.

무인기는 군사용으로 많이 쓰여요. 위험한 전쟁터에서 어려운 작전을 해내기에 적합하기 때문이지요. 그중에서도 특히 유명한 것이 미국에서 만들어진 프레데터예요. 이 무인기는 눈에 보이지 않을 정도로 높이 떠 있다가 땅 위에 공격 대상이 나타나면 미사일을 쏘아 맞추는 무시무시한 능력을 가지고 있어요. 실제로 그동안 여러 전투에서 활약했지요.

여객기로 쓰일 수 있는 무인기를 개발하기 위한

> 무인기가 널리 쓰이게 되면 우리 같은 조종사들은 하늘이 아니라 땅에서 일하게 되겠네.

스마트 무인기가 헬리콥터처럼 수직으로 떠오르고 있어요. 이때는 날개가 위쪽을 향해 있어요.

위쪽을 향해 있던 날개가 앞쪽을 향하도록 이동하고 있어요.

날개가 앞쪽을 향해 있는 상태에서 앞으로 날아가요.

우리나라에서 만든 스마트 무인기

 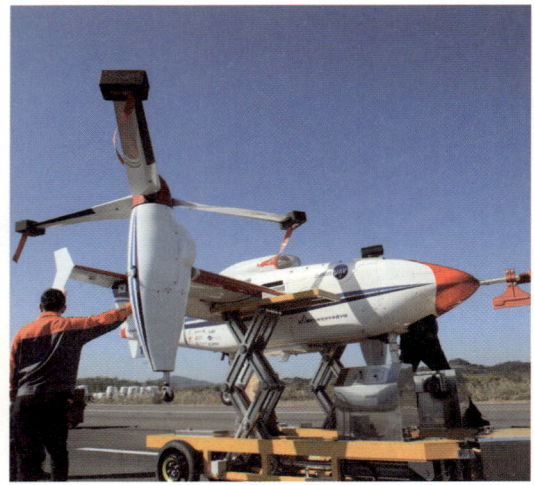

스마트 무인기를 시험 비행하는 모습

  연구도 활발하게 이루어지고 있어요. 아마도 아주 멀지 않은 미래에 우리는 조종석에 아무도 없는 무인기를 타고 외국 여행을 다니게 될지도 몰라요.

  우리나라에서 개발한 무인기로는 '스마트 무인기'가 있어요. 이륙하고 착륙할 때는 헬리콥터처럼 수직으로 이동하면서도 공중에서는 비행기로 변신해 헬리콥터보다 훨씬 빨리 나는 것이 특징이에요. 수직으로 이륙하고 착륙하는 여러 무인기 중에서도 가장 빠르지요. 시험 비행에서 시속 440킬로미터까지 기록했답니다.

드론이라는 이름은 어디에서 왔을까?

퀸 비

무인기를 뜻하는 드론이라는 말은 원래 수컷 꿀벌을 가리키는 영어 단어예요. 어떻게 해서 수컷 꿀벌이라는 단어가 무인기를 의미하게 되었을까?

제1차 세계 대전 때 영국은 최초의 무인기를 개발했어요. 하지만 그 당시 기술로는 아직 무인기를 제대로 활용할 수 없었지요. 제1차 세계 대전이 끝난 이후인 1935년 영국은 더욱 발전된 무인기를 만들었고, 여왕벌이라는 뜻의 '퀸 비'라는 이름을 붙였어요. 오늘날 퀸 비는 무인기의 원조라 여겨지고 있어요. 그 이후 미국에서도 무인기를 개발했어요. 이 무인기에 어떤 이름을 붙일까 고민하던 미국은 영국의 '퀸 비'를 떠올렸어요. '영국의 무인기가 여왕벌이라는 이름을 가지고 있으니 우리 무인기는 수컷 꿀벌이라고 하면 되겠군.' 하는 생각을 했지요. 그래서 미국의 무인기는 드론이라는 이름을 가지게 되었고, 이때부터 드론은 무인기를 의미하는 단어가 되었답니다.

무인기는 어떻게 조종할까?

장난감 자동차나 모형 비행기 중에는 무선으로 조종할 수 있는 것이 있지요. 리모컨의 버튼을 누르면 앞으로 뒤로 또 왼쪽으로 오른쪽으로 마음먹은 대로 움직일 수 있어요. 무인기를 조종하는 것도 이와 비슷해요. 하지만 무인기는 크기도 더 크고, 구조도 더 복잡하고, 눈에 보이지 않는 곳까지 멀리 날아다녀야 하다 보니 더 많은 장치가 필요하지요.

무인기는 하늘을 날아다니는 부분과 그것을 땅 위에서 조종하는 부분으로 이루어져 있어요. 각각 비행체와 지상체라고 해요. 비행체와 지상체는 멀리 떨어져 있지만 사실은 무선 통신 장치를 통해 마치 한 몸처럼 연결되어 있어요. 무선 통신 장치는 비행체 안에도 있고 땅 위에도 있어서 서로 신호를 주고받아요.

조종사는 지상체 중에서도 지상통제소 안에 있지요. 실제로 지상

무인기의 작동 원리

지상통제소 안의 모니터에 비행기의 센서가 보내오는 비행 관련 정보들이 표시돼요. 조종사는 이 정보들을 파악하면서 비행체에 명령을 내려요. 비행체의 컴퓨터는 명령에 따라 작동기를 움직여 비행체를 조종해요. 땅 위와 비행체 안에 각각 무선 통신 장치가 있어서 이것을 통해 정보와 명령을 주고받아요.

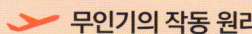

하늘에서
컴퓨터
작동기
센서
비행체
비행체의 무선 통신 장치

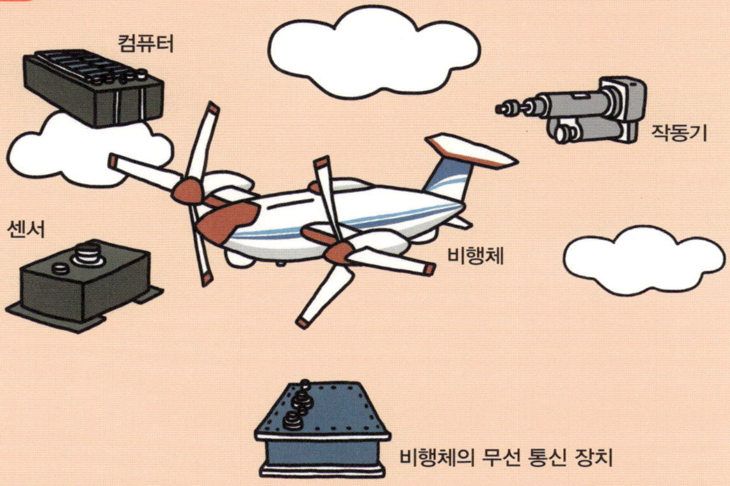

땅에서
땅 위의 무선 통신 장치
지상통제소

지상통제소 안에 있는 조종사와 모니터

통제소는 기존의 비행기 조종석을 따로 떼어 땅 위에 옮겨 놓은 것이나 마찬가지예요. 그 안의 모니터에는 비행체의 컴퓨터가 보내는 정보들이 표시돼요. 조종사는 비행체의 상황을 모니터로 관찰하며 비행체의 컴퓨터에 명령을 내려요.

 비행체에는 비행기가 어느 높이에 있는지, 얼마만큼의 속도로 날고 있는지, 앞뒤 좌우 어느 쪽 몸체가 얼마나 기울어져 있는지 등을 일일이 측정하는 센서들이 달려 있어요. 이 센서들은 비행체의 컴퓨터와 연결되어 있어요. 그래서 컴퓨터는 센서들이 주는 정보를 종합해 비행기의 움직임을 계속 파악해요. 한 순간도 쉬지 않고 말이에요. 우리 뇌가 눈이며 입, 손, 발 등 우리 몸이 어떻게 움직이고 있는지 시시

각각 파악하는 것과 비슷하다고 보면 돼요.

또한 비행체에는 조종 장치나 엔진을 조절하는 작동기가 달려 있어요. 조종사의 손을 대신하는 것이라고 할 수 있지요. 작동기도 컴퓨터와 연결되어 있어요. 지상통제소에서 조종사가 목적지를 입력하면 컴퓨터는 현재의 위치, 목적지까지의 거리, 가장 적절한 높이와 속도 등을 계산해요. 그리고 그 결과에 맞추어 비행체가 날아가도록 작동기를 움직이지요.

비행체가 날아가는 동안에도 지상통제소 안의 조종사는 모니터를 보며 비행체를 관찰해요. 이 모든 과정을 거쳐 마침내 비행체는 조종사가 지정한 목적지에 도착하게 된답니다.

지구 반대편에서 조종하는 무인기

비행체와 지상체는 무선 통신 장치로 전파를 쏘아서 신호를 주고받아요. 그런데 비행체와 지상체가 너무 멀리 떨어져 있다면, 또는 중간에 큰 산이 가로막고 있다면 무선 통신 장치가 쏘는 전파가 제대로 닿을 수 없어요. 당연히 무인기는 무용지물이 되고 말아요.

우주에 있는 인공위성을 이용하면 이 문제점을 해결할 수 있어요. 지상체에서 인공 위성을 향해 전파를 쏘면 인공 위성이 이 전파를 비행체에 전달해 주는 방식으로 신호를 주고받는 것이지요. 올림픽이나 월드컵 때 인공 위성을 통해 다른 대륙의 경기를 생방송으로 보는 것과 같은 원리랍니다.

인공위성을 이용한 무인기 조종

 이렇게 하면 지구 정반대 편에 있는 무인기도 문제 없이 조종할 수 있어요. 실제로 군사용 인공위성을 많이 가지고 있는 미국은 한참 멀리 떨어져 있는 이라크와 아프가니스탄에서 무인기를 조종하기도 했지요.

웬 날개가 저렇게 많지?

언제부터인가 신문이나 방송에서 드론이라는 말이 자주 등장하고 있어요. 그만큼 우리 주변에 드론이 많아지고 있는 것이지요. 앞에서도 설명했듯이, 원래 드론은 무인기를 의미하지만 요즘은 멀티콥터를 가리키는 말로 더 널리 쓰이고 있어요. 멀티콥터는 일종의 작은 무인기라고 할 수 있답니다.

2~5개의 날개를 한 세트라고 할 때, 헬리콥터는 한 세트 또는 두 세트의 날개가 달려 있고 이 날개들이 빙빙 돌아가는 힘으로 공중에 뜨지요. 드론이 공중에 뜨는 원리도 헬리콥터와 비슷해요. 그런데 드론은 종류에 따라 날개 세트의 개수가 무척 다양해요. 두 세트만 달린 것이 있는가 하면 여덟 세트나 달린 것도 있어요. 가장 흔한 종류의 드론은 날개가 네 세트 달린 것이지요. 날개 세트의 개수가 적은 드론보다는 많은 드론이 균형을 잘 잡기에 더 유리해요.

아주 작은 장난감 드론. 회전 날개가 네 세트예요.

사람을 태울 수 있는 드론. 회전 날개가 열여섯 세트예요.

드론의 특징은 어느 방향으로든 자유자재로 날 수 있고, 빠른 속도로 바로바로 방향을 바꿀 수 있다는 점이에요. 각각의 날개 세트가 회전하는 속도와 방향을 다르게 하면 되지요. 예를 들어, 날개가 네 세트 달린 드론의 경우, 앞쪽의 두 세트는 천천히 회전하게 하고 뒤쪽의 두 세트는 빨리 회전하게 하면 드론이 앞쪽으로 기울어지면서 앞을 향해 나아가요. 헬리콥터가 날아갈 때 몸체를 기울이는 모습을 떠올리면 이해가 될 거예요.

드론에 날개를 아주 많이 달면 어떻게 될까요? 당연히 공중으로 뜨는 힘이 커지겠지요. 이러한 점을 이용해 사람이 타는 것도 가능한 드론이 개발 중이에요. 독일의 어느 항공기 회사가 드론에 사람을 태워 시험 비행을 하는 데 성공했는데, 이 드론에는 회전 날개가 무려 열여섯 세트나 달려 있지요.

드론을 날리는 데도 자격증이 필요해

아무리 작은 드론이라 해도 높은 곳에서 추락하면 사람이 크게 다치거나 건물이 망가질 수 있어요. 그래서 드론은 아무나 날릴 수도, 아무 데서나 날릴 수도 없어요. 법으로 정해진 규칙이 있거든요.

돈을 벌기 위한 목적으로 드론을 날린다면 그 드론은 상업용 드론으로 분류돼요. 그중에서도 12킬로그램이 넘는 드론을 날리려면 드론 조종사 자격증이 필요해요. 이 자격증을 따기 위해서는 만 14세 이상이어야 하고 드론 비행 경력이 20시간 이상이어야 해요. 또한 필기 시험과 실기 시험을 모두 통과해야 하지요.

취미로 조그마한 장난감 드론을 날린다면 자격증까지는 필요 없지만, 그래도 주의 사항을 꼭 따라야 해요. 비행장이나 원자력 발전소에서 가까운 곳, 스포츠 경기나 축제가 열려서 사람이 많이 모여 있는 곳에서는 드론을 날리는 것이 금지되어 있어요. 해가 진 이후부터 해가 뜨기 전까지의 시간에 드론을 날리는 것도, 150미터가 넘는 높이에서 드론을 날리는 것도 금지예요. 단, 미리 정부의 허가를 받으면 날릴 수 있어요.

충청북도 보은, 강원도 영월, 경상남도 고성 등에는 드론 전용 비행

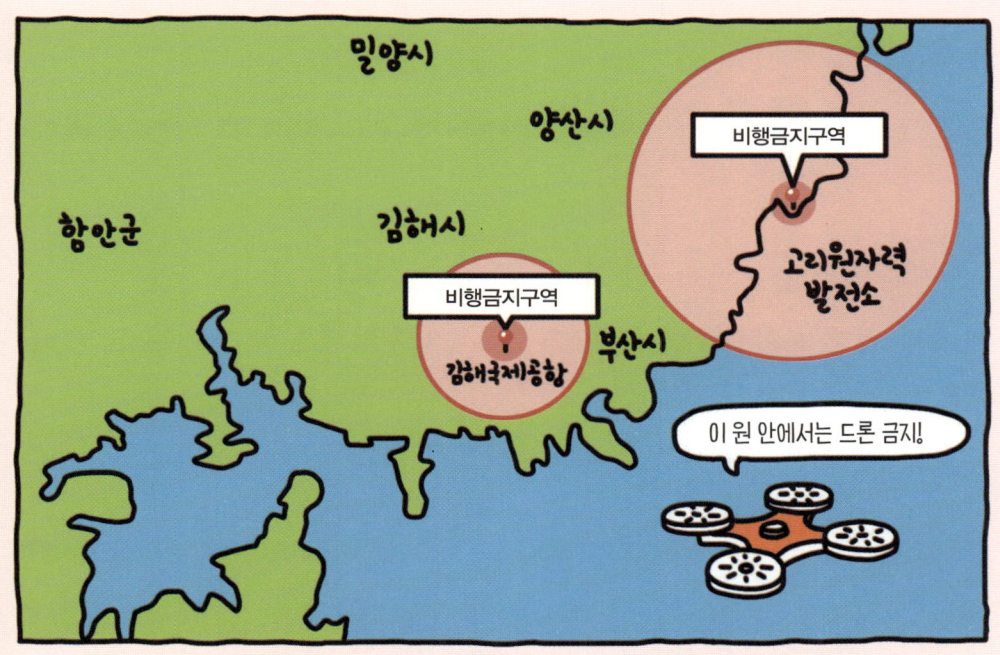

경상남도에서 드론 비행이 금지된 구역을 나타낸 지도예요. 국토교통부에서 배포하는 어플 '레디 투 플라이(Ready to fly)'를 통해 우리 동네에서 드론을 날릴 수 있는지 확인할 수 있어요.

장이 있어요. 드론 산업의 발전을 위해 정부에서 정해 놓은 장소랍니다. 이곳에서는 좀 더 자유롭게 드론을 날릴 수 있으니, 드론에 관심이 있다면 한번 찾아가 보세요.

무인기가 농사도 척척

드론은 갈수록 그 쓰임새가 커지고 있어요. 그중에는 여러분이 미처 생각 못 한 분야들도 있답니다. 최근 드론의 활약상을 몇 가지 살펴볼까요?

시골에는 젊은 사람이 점점 줄고 있어요. 허리가 많이 휜 할머니 할아버지가 직접 농사를 지으려면 정말 힘들겠지요. 이때 드론을 사용하면 수고를 한결 줄일 수 있어요. 농사용 드론은 논밭에 씨를 뿌려 주기도 하고 농약을 살포해 주기도 해요. 예전에는 무인 헬리콥터가 쓰이기도 했는데 드론은 훨씬 적은 비용으로 장만할 수 있지요.

드론은 촬영용 장비로 인기가 많아요. 카메라를 드론에 달아 날리면 마치 새의 눈으로 내려다본 듯한 멋진 광경을 찍을 수 있거든요. 요즘은 드론으로 촬영한 영상이나 사진이 드라마, 영화, 광고 등에 자주 나오지요. 카메라가 달린 드론은 군사용으로도 사용되고 있어요.

(위) 농약을 뿌리는 드론
(아래) 촬영을 하는 드론

올림픽 개막식에서 하늘에 오륜기를 그리는 드론

눈에 띄지 않고서 적군을 촬영할 수 있기 때문이에요.

특별한 스포츠 경기나 축제가 열릴 때도 드론이 사용되고 있어요. 드론을 이용해 광고를 하기도 하고 멋진 공연을 하기도 해요. 2018년 2월 9일 평창 동계 올림픽 개막식이 대표적인 경우예요. 수많은 불빛이 등장하더니 스노보드를 타는 사람의 모습을 만들었고 그다음에는 오륜기로 변신해 밤하늘을 아름답게 수놓았지요. 이 불빛들은 다름 아닌 1218대의 드론이었어요. 한 대의 무게가 약 330그램, 지름이 약 38센티미터였지요. 이렇게 많은 드론이 일사불란하게 움직일 수 있었던 것은 미리 입력해 놓은 프로그램대로 컴퓨터가 조종했기 때

패션쇼 무대에서 가방을 선보이는 드론

문이에요. 이 드론 쇼는 평창 동계 올림픽 개막식에서 가장 인상적인 장면들 중 하나로 꼽혔을 뿐 아니라, 세계에서 가장 많은 무인기가 동시에 비행한 기록으로 기네스북에 올랐어요.

그런가 하면 패션쇼에도 드론이 사용되었어요. 이탈리아 밀라노에서 열린 어느 패션쇼에서 여러 대의 드론이 핸드백을 매단 채 등장한 거예요. 드론이 모델을 대신한 셈이지요.

CCTV가 드론으로?

 미래에는 드론이 어떤 분야에서 쓰이게 될까요?
 드론을 택배에 이용하기 위한 연구가 활발하게 이루어지고 있어요. 드론이 물건을 싣고 집 앞까지 날아가게 하는 것이에요. 이렇게 되면 인터넷 서점에서 책을 샀을 때 한 시간 안에 받아서 읽을 수 있겠지요. 교통이 불편한 지역에 응급 의약품을 보낼 때도 유용할 거예요.
 드론은 소방관 역할을 할 수도 있어요. 큰 불이 나면 뜨거운 열기와 유독 가스 때문에 접근하기가 쉽지 않은데, 드론을 띄우면 불이 난 곳의 상황을 살펴보기가 쉬울 거예요. 아예 소방 호스를 가지고 날아가 물을 뿌리는 드론이 등장할 수도 있겠지요.
 어둑어둑한 곳이나 사람이 없는 곳은 혼자 다니기가 무서워요. 이럴 때도 드론이 큰 도움이 될 수 있어요. 혼자 걷는 사람이 휴대폰으로 신호를 보내면 길가에 설치되어 있는 CCTV가 드론으로 변신하는 거예요. 드론은 휴대폰 신호를 따라 날아가면서 그 사람의 모습을 촬영해요. 누군가 나쁜 마음을 먹고 접근하지 못하겠지요?

6부

이런 비행기, 한 번쯤 타 보고 싶다

세상의 별별 비행기

비행기 하면 대개는 공항에서 볼 수 있는 여객기나 공군이 타는 전투기를 떠올릴 거예요. 하지만 세상에는 이외에도 다양한 비행기가 존재한답니다. 그중에는 "이렇게 생긴 비행기도 있어?" 하고 여러분을 깜짝 놀라게 할 만한 비행기도 있지요.

대통령의 비행기는 뭐가 다를까?

우리나라에서 어렵고 골치 아픈 일을 제일 많이 해야 하는 사람, 아마도 대통령이겠지요. 대통령에게는 특별한 비행기가 따로 있어요. 이 비행기를 대통령 전용기라고 해요.

여러분은 '대통령이 보통 사람들과 함께 어울려 비행기를 타고 다니면 대통령에게 인사도 하고 함께 사진도 찍을 수 있으니 좋지 않나.' 하고 생각할지도 몰라요. 하지만 혹시라도 대통령을 해치려는 나쁜 마음을 먹은 사람이 비행기 안에서 대통령에게 접근하면 안 되잖아요. 그랬다가는 대통령뿐 아니라 국민 전체에게 해가 가지요.

우리나라의 대통령 전용기는 여러 대가 있어요. 그중에서도 가장 대표적이고 가장 규모도 큰 것은 '공군 1호기'라 불리는 비행기예요. 대통령이 외국에 나간다 하면 곧 이 비행기를 타는 것이라고 보면 돼요. 최근 공군 1호기에는 적군의 미사일 공격을 방어할 수 있는 장치

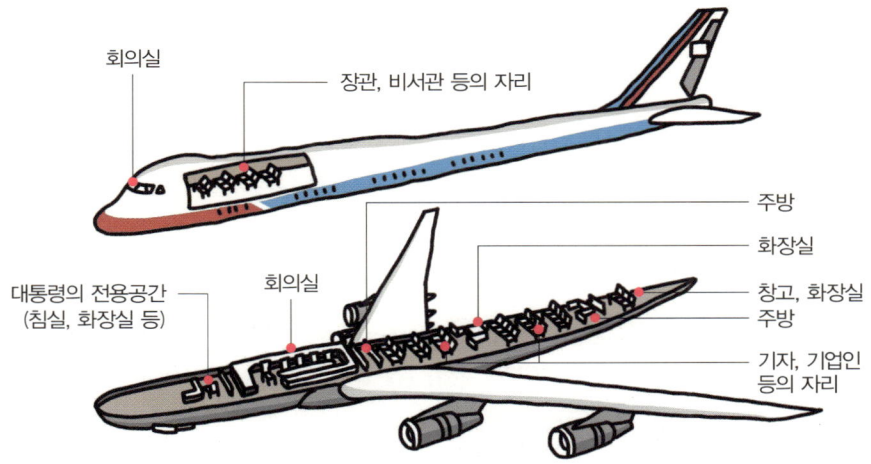

우리나라 대통령 전용기의 내부 구조

가 추가되었어요.

대통령이 외국에 나갈 때는 혼자 가는 것이 아니라 장관, 경호원, 기자, 기업인 등 아주 많은 사람이 함께 가요. 이 모든 사람이 대통령 전용기에 함께 타지요. 물론 대통령이 머무는 공간은 따로 마련되어 있어요. 또한 대통령이 여러 사람과 회의를 할 수 있는 장소도 있고요.

그런데 공군 1호기는 정부가 정식으로 가지고 있는 것이 아니라 대형 항공사인 대한항공이나 아시아나항공으로부터 빌려 쓰는 것이에요. 대통령 전용기에 타는 조종사와 승무원 중에는 그 항공사의 직원들도 있지요. 그래서 정부가 대통령 전용기를 직접 구입하기 위한 논의가 꾸준히 이루어지고 있어요.

대통령이 타는 헬리콥터

　대통령 전용기 중에는 헬리콥터도 있어요. 이 헬리콥터는 19명이 탈 수 있고 '공군 1호 헬기'라고 불려요. 공군 1호기와는 달리 정부가 소유한 것으로, 조종사와 승무원은 공군 소속이에요.

　대통령이 우리나라 안에서 비교적 먼 거리를 이동해야 하는 경우에는 헬리콥터를 탈 때가 많아요. 헬리콥터는 비행기와 달리 기다란 활주로가 필요 없어서 어느 곳에나 이륙하고 착륙할 수 있지요. 그래서 대통령은 공항에 가지 않고 청와대에서 바로 헬리콥터를 타고 출발하곤 해요.

　헬리콥터가 뜰 수 없을 정도로 날씨가 나쁠 때나 함께 가는 사람이 많을 때 대통령은 열차를 타요. 물론 대통령 전용 열차가 있지요.

가장 큰 비행기

공항에 가 보면 커다란 비행기가 참 많기도 하지요. 비행기의 크기가 크면 한꺼번에 많은 승객이나 짐을 나를 수 있어요. 굉장히 큰 짐도 쏙 넣을 수 있고요. 그래서 더욱 커다란 비행기를 개발하기 위한 노력이 계속되고 있어요.

미국 국립 항공 우주국인 나사에서는 슈퍼 구피라는 대형 비행기를 만들었어요. 생김새가 구피라는 열대어처럼 생겼다고 해서 슈퍼

슈퍼 구피

벨루가

우주선을 실은 An-225

구피라는 이름이 붙었지요. 나사가 슈퍼 구피를 만든 것은 우주선을 제작할 때 필요한 큼직큼직한 부품들을 쉽게 운반하기 위해서예요. 슈퍼 구피는 로켓 엔진은 물론이고 작은 제트기까지도 거뜬히 실어 날라요.

　슈퍼 구피와 비슷하게 생긴 벨루가라는 대형 비행기가 있어요. 벨루가라는 단어는 원래 북극해에 사는 흰 돌고래를 뜻해요. 이 비행기는 프랑스의 항공기 제작 회사인 에어버스에서 만든 것으로, 항공기 부품을 운반하는 데 이용돼요. 벨루가의 몸체는 에어버스에서 제작하는 비행기 중 대부분이 들어갈 수 있을 만큼 크지요.

　지금까지 만들어진 가장 큰 비행기는 우크라이나의 항공기 제작 회사인 안토노프에서 만든 An-225라는 비행기예요. '므리야'라는 별명으로도 불리는데 우크라이나 말로 '꿈'을 뜻해요. An-225의 역할은 우주선과 그 부품을 실어 나르는 것이에요. 최대 250톤까지 실을 수 있지요. 그런데 An-225는 제작 비용이 너무 많이 들어서 딱 한 대

대한항공의 A380

아시아나항공의 A380

만 만들어졌어요.

이 비행기들은 모두 화물기지요. 그렇다면 여객기 중에서 가장 큰 비행기는 무엇일까요? 에어버스에서 만든 A380이에요. 몸체의 길이는 약 73미터이고 폭은 약 80미터예요. 날개를 제외한 폭은 약 6.5미터고요.

그렇다면 A380에는 몇 명이나 탈 수 있을까요? 45인승인 일반 고속버스와 비교해서 짐작해 보세요. A380은 길이가 일반 고속버스의 다섯 배는 되고, 폭은 세 배는 되고, 또 2층에도 좌석이 있어요. 정답은…… 이 책을 끝까지 읽고 나면 만날 수 있어요.

가장 큰 헬리콥터

 헬리콥터 중에서 가장 큰 것은 'Mil V-12'라는 헬리콥터랍니다. 일반적인 헬리콥터는 위쪽에 회전 날개가 한 군데나 두 군데 달려 있는데, 두 군데 달려 있는 경우에는 앞뒤로 위치하고 있어요. 그런데 대형 헬리콥터인 Mil V-12는 회전 날개가 좌우로 위치해 있지요. 이 헬리콥터는 40톤을 싣고 비행한 기록을 가지고 있어요. 하지만 시험용으로 만들어진 헬리콥터라서 실제로 널리 쓰이지는 않았어요. 널리 쓰인 헬리콥터들 중에서 가장 큰 것은 'Mil Mi-26'라는 헬리콥터예요. 다른 헬리콥터도 너끈히 들어 올릴 정도로 힘이 강하고, 커다란 장갑차가 통째로 들어갈 정도로 몸체가 크지요.

회전 날개가 좌우로 달린 Mil V-12

다른 헬리콥터를 나르는 Mil Mi-26

적의 눈에 띄지 않는 전투기

우리 눈이 무언가를 볼 수 있는 것은 빛의 반사 덕분이에요. 물체에서 반사된 빛이 우리 눈에 들어오면 우리는 그 물체를 보게 되지요. 깜깜한 곳에서 손전등을 켜 보면 이 원리를 잘 알 수 있어요. 우리는 손전등이 비추는 물체들만 볼 수 있잖아요. 손전등에서 나온 빛이 그 물체에 반사되어 우리 눈으로 들어오는 거예요.

그런데 만약 빛이 반사되지 않는 특수한 물체가 있다면 어떻게 될까요? 물체에서 반사되어 우리 눈에 들어오는 빛이 없으니 우리는 그 물체를 볼 수 없어요.

레이다가 비행기의 위치를 파악하는 원리도 이와 비슷해요. 레이다는 주위에 전파를 발사하는데, 이 전파가 비행기를 만나면 비행기에 반사되어 돌아와요. 레이다는 돌아온 전파를 측정해서 그 비행기의 위치, 크기, 속도 등을 알아내요. 여객기인지, 전투기인지, 아니면 로켓

인지도 구별할 수 있지요.

그런데 만약 전파가 반사되지 않는 특수한 비행기가 있다면? 당연히 레이다를 통해 그 비행기를 파악하는 것이 힘들어질 거예요.

이렇게 레이다 전파의 반사를 방해해서 적군의 눈에 띄지 않게 해 주는 기술을 스텔스라고 해요. 이러한 기술을 갖춘 전투기를 스텔스기라고 하고요.

스텔스의 종류는 크게 두 가지예요. 하나는 전파를 흡수하는 것이

미국의 스텔스기 F-117. 나이트호크라는 별명이 있어요. 쏙독새라는 뜻이에요. 1981년에 첫 비행을 했고 2008년까지 쓰였어요.

에요. 비행기의 표면에 전파를 흡수하는 특수 페인트를 칠하지요. 또 하나는 전파가 반사되어 레이다로 돌아가는 대신 엉뚱한 방향으로 가도록 하는 것이에요. 날개의 모양을 다르게 만든다거나 미사일을 안쪽에 숨겨 놓는다거나 표면을 울퉁불퉁하게 하는 등 다양한 방법이 있어요.

아무리 뛰어난 스텔스기라 해도 레이다로부터 완벽하게 숨을 수 있는 것은 아니에요. 하지만 커다란 전투기가 마치 참새처럼 작게 보이기 때문에 레이다는 전투기가 아니라고 잘못 판단하게 되지요.

요즘 우리나라에서는 차세대 전투기 개발이 한창 진행되고 있어요. 이 전투기도 스텔스기로 만들어질 예정이랍니다.

또 다른 스텔스

충무공 이순신급 스텔스 구축함

넓게 보면 스텔스는 적군의 레이다 전파를 방해하는 기술뿐만 아니라, 적군의 눈에 띄는 것을 막는 모든 기술을 포함해요. 전투기나 함대의 존재를 알아내는 도구는 레이다 외에도 여러 가지가 있거든요. 예를 들어, 적외선 탐지기는 전투기의 엔진에서 뿜어져 나오는 뜨거운 공기의 열기를, 음향 탐지기는 전투기가 날아갈 때 나는 소리를 포착해 내지요. 그래서 스텔스기는 엔진에서 공기가 나오는 구멍을 위쪽에 두어서 땅 위의 적외선 탐지기가 열기를 측정하기 어렵게 하기도 해요. 엔진에서 나오는 공기의 온도를 낮추는 장치를 달기도 하고요. 날아갈 때 나는 소리를 줄이는 장치도 있어요.

전투기만이 아니라 군함, 잠수함, 탱크 등에도 다양한 스텔스가 사용되고 있어요. 전투복의 얼룩덜룩한 색깔도 일종의 스텔스라고 할 수 있지요.

사람의 힘만으로 날 수 있는 비행기

　엔진 같은 동력 장치의 힘을 이용하지 않고, 오로지 사람의 몸에서 나오는 힘만 가지고 움직이는 이동 수단으로는 무엇이 있을까요? 가장 먼저 생각나는 것은 아무래도 자전거일 거예요. 두 발로 페달을 밟으면 바퀴가 돌아가며 앞으로 나아가지요. 비슷한 것으로, 유원지에서 볼 수 있는 오리배도 있어요. 바퀴가 아니라 스크루가 돌아간다는 점만 다를 뿐, 역시 두 발의 힘으로 나아가요. 그렇다면 비행기 중에도 이렇게 사람의 힘만으로 움직이는 것이 있을까요?

　라이트 형제가 동력 장치를 단 비행기로 첫 비행에 성공한 지 꼭 20년이 지난 1923년의 일이에요. 라이트 형제의 고향인 미국 오하이오주 데이턴에서 W. 프레더릭 게르하르트라는 사람이 페달을 밟아서 나는 비행기를 선보였어요. 하지만 이 비행기는 60센티미터 높이에서 6미터를 비행하는 데 그쳤어요.

그 후로도 사람의 힘만으로 나는 비행기를 만들고자 하는 노력은 계속되었어요. 1959년 영국의 사업가 헨리 크레머는 거액의 상금을 내걸고 대회를 만들기까지 했어요. 적어도 3미터 이상의 높이에서 날 것, 그리고 약 800미터 떨어진 두 지점을 돌아 '8'자 모양을 그리며 날 것이라는 조건이 붙어 있었지요. 이 대회의 첫 번째 수상작은 1977년에야 나왔어요. '고사머 콘도르'라는 비행기였는데 2000미터 이상을 날았지요.

오늘날 세계 기록은 매사추세츠 공과 대학(MIT) 팀이 가지고 있어요. 이 팀이 만든 '다이달로스'라는 비행기는 그리스의 크레타섬에서

산토리니까지 바다를 건너 날았는데 그 거리가 무려 115킬로미터나 되었어요.

  사람의 힘만으로 나는 비행기를 만들기 위해서는 뭐니 뭐니 해도 몸체를 가볍게 만드는 것이 가장 중요해요. 대체로 비행기 자체의 무게는 약 40킬로그램, 조종사의 무게는 약 60킬로그램, 합해서 100킬로그램 정도가 되도록 설계하지요. 사람의 힘만으로 나는 비행기는 대부분 페달을 밟는 방식이기 때문에 조종사가 지치지 않고 오랫동안 다리를 움직이는 것도 중요해요. 다이달로스로 세계 기록을 세운 조종사는 그리스의 사이클 챔피언이었답니다.

그리스의 크레타섬에서 출발해 바다를 건너 산토리니까지 날아가는 다이달로스

인간 동력 항공기 대회

헨리 크레머가 만들었던 대회와 비슷한 대회가 우리나라에서도 있었어요. 한국항공우주연구원이 주최한 대회로, 2012년부터 2015년까지 모두 네 번 열렸지요. 이 대회의 정식 이름은 '인간 동력 항공기 대회'였어요. 400미터 거리를 누가 가장 빠른 속도로 날아가는지를 기준으로 우승자를 가렸지요. 이 대회는 조종사도 따로 선발했어요. 조종사가 되기 위해서는 5킬로미터 이내의 단축 마라톤, 400미터 달리기 등 여러 단계를 거쳐야 했어요.

이 대회의 최고 기록은 울산대학교 팀이 가지고 있어요. 2015년에 열린 대회에서 40초를 기록해 우승을 차지했지요.

햇빛만으로 날 수 있는 비행기

　최근 들어 환경 보호에 대한 관심이 커지면서 친환경 에너지가 주목받고 있어요. 친환경 에너지 중에서도 대표적인 것이 태양 에너지예요. 그래서 태양 에너지를 이용해 날 수 있는 태양광 비행기도 개발되고 있어요.

　태양 에너지를 이용하기 위해 꼭 필요한 것이 태양 전지예요. 태양 전지는 태양 에너지를 전기로 바꾸어 주는 일을 해요. 비행기에 태양 전지를 달아서 만들어진 전기로 프로펠러를 돌리는 거예요. 이 전기는 비행기의 컴퓨터, 무선 통신 장치 등을 작동하게 하는 데도 쓰이지요.

　그런데 태양은 낮에만 하늘에 있고 밤에는 사라지잖아요. 당연히 밤에는 태양 에너지도 없어요. 그렇다면 태양광 비행기는 낮에만 날아다닐 수 있는 것일까요? 그렇지 않아요. 다 방법이 있답니다. 낮에

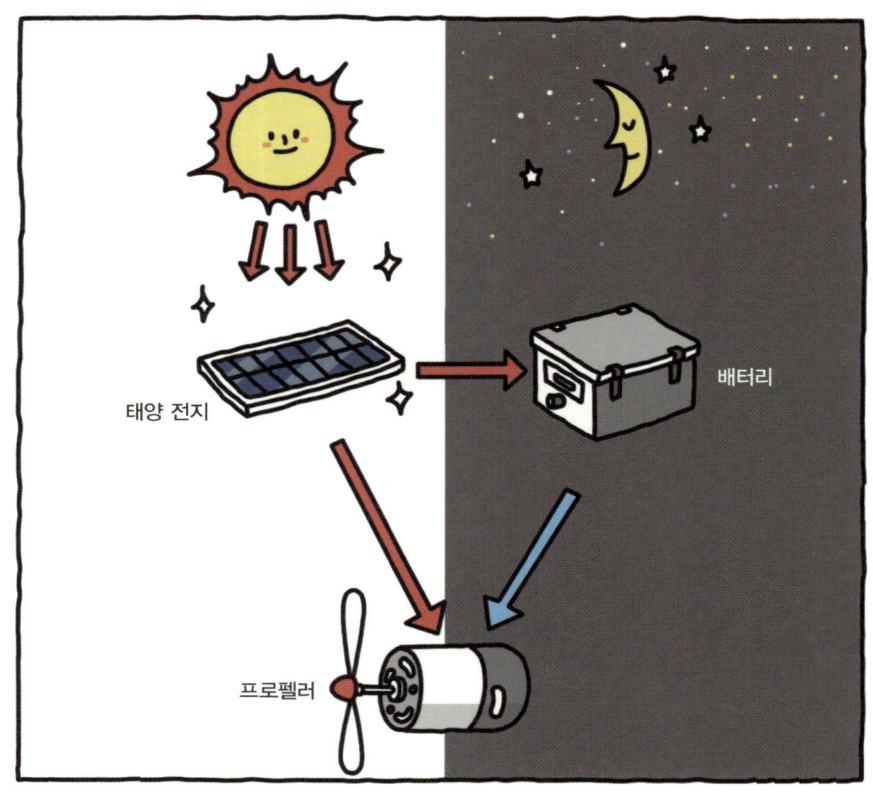

(왼쪽) 낮에는 태양 전지가 태양 에너지를 받아 만든 전기로 프로펠러를 돌려요. 남은 전기는 배터리에 충전해요.
(오른쪽) 밤에는 낮 동안 배터리에 충전해 놓은 전기로 프로펠러를 돌려요.

태양 전지가 만든 전기 중에서 남는 전기를 배터리에 충전해 둬요. 그러고서 밤이 되면 충전해 둔 전기를 꺼내서 프로펠러를 돌리는 것이에요.

이렇게 하면 보통 비행기처럼 연료를 채우기 위해 땅으로 내려올 필요가 전혀 없게 돼요. 그러니 원하는 만큼 오래오래 하늘에 떠 있을 수 있지요.

한국항공우주연구원에서 만든 태양광 무인기인 'EAV-3'은 성층권에서도 날 수 있는 것이 특징이에요. 무인기로는 세계에서 세 번째로 성층권까지 올라가는 데 성공했지요. 18.5킬로미터 높이에서 한 시간 30분 동안 나는 기록을 세웠어요. 현재는 한 달 동안 비행할 수 있는 'EAV-4'를 개발하고 있어요.

이 비행기는 그토록 높은 곳에서 계속 머무를 수 있기 때문에 여러 분야에서 쓰일 수 있어요. 산불을 감시할 수도 있고, 교통 상황을 점검할 수도 있어요. 또 미세 먼지가 얼마나 심한지, 논밭의 곡식들이 병충해 없이 잘 자라는지 관찰할 수도 있지요.

EAV-3이 성층권을 나는 모습

태양광 비행기로 세계 일주를!

솔라 임펄스

2015년 3월 9일 '솔라 임펄스'라는 스위스의 태양광 비행기가 아랍 에미리트의 수도 아부다비에서 출발했어요. 솔라 임펄스의 목적은 무려 세계 일주! 하지만 그 과정은 쉽지 않았어요. 날씨가 나빠져서 땅 위에서 하염없이 대기해야 할 때도 많았어요. 중간에 배터리가 망가져서 새로운 배터리를 구하느라 몇 개월을 기다리기도 했어요. 마침내 원래 계획보다 11개월이 늦은 2016년 7월 26일 아부다비에 다시 돌아오면서 세계 일주를 마쳤지요.

솔라 임펄스는 1인승이지만 날개의 길이는 대형 여객기와 비슷한 82미터예요. 태양 전지로 덮인 면적은 모두 269.5제곱미터로, 여기에 붙어 있는 태양 전지 조각은 1만 7248개이지요. 일일이 사람이 손으로 붙였다고 해요.

좌우 비대칭 비행기

　외국에 나갈 때 타는 여객기든, 공군의 전투기든, 우리가 평소에 만들어 볼 수 있는 종이비행기나 고무 동력기든, 대부분의 비행기는 그 모습에서 공통점이 하나 있어요. 위에서 내려다보면 좌우 대칭을 이루고 있다는 점이에요.

　그거야 너무 당연한 거 아니냐고요? 그래요. 비행기가 좌우 대칭이 아니라면 문제가 생길 수 있거든요. 비행기는 공기의 압력 차이에 의해 위로 떠오르게 돼요. 그런데 만약 비행기의 몸체가 좌우 비대칭이면, 예를 들어 왼쪽이나 오른쪽만 툭 튀어나와 있다거나 왼쪽 날개는 긴데 오른쪽 날개는 짧다거나 하면, 공기의 압력도 비대칭으로 작용해요. 그러면 공중에서 균형을 잡기도 힘들고 원하는 대로 방향을 바꾸기도 힘들어요.

　그런데 세상에는 기발한 생각을 해내는 괴짜들이 있잖아요. 비행

독일에서 만든 좌우 비대칭 비행기, BV 141

미국 나사에서 만든 좌우 비대칭 비행기, AD-1

기를 설계한 사람들 중에도 괴짜들이 있었어요. 남들이 모두 비행기를 좌우 대칭으로 설계할 때 이 괴짜들은 '좌우가 똑같지 않아도 잘 날 수 있지 않을까?' 하며 좌우 비대칭 모양의 비행기를 설계했지요.

제2차 세계 대전 때 독일에서 만든 'BV 141'이라는 비행기는 한쪽 날개에 작은 몸체가 하나 더 붙어 있고 꼬리날개는 한쪽으로만 달려 있었어요. 하늘에서 균형을 잡는 데는 문제가 없었지만 그래도 전쟁에서 큰 활약을 펼치지 못하고 사라졌어요.

미국의 나사에서도 좌우 비대칭 비행기를 만들었어요. 'AD-1'이라는 이름의 비행기였는데 날개가 비스듬하게 돌아가도록 되어 있었어요. 공기의 저항을 줄이기 위해서였지요. 미국의 비행기 설계자 버트 루탄이 개발한 부머랭이라는 비행기도 있었어요. 큰 몸체 옆에 조금 작은 몸체가 또 하나 붙어 있는 모양이었고 꼬리날개도 비대칭이었어요. 이 비행기들은 시험 비행에 성공했지만 결국 실제로 널리 쓰이지는 못했어요.

아직까지는 좌우 대칭 비행기를 넘어설 좌우 비대칭 비행기가 만들어지지 못했지만, 미래에는 어떻게 될지 모르지요. 어떤가요, 여러분도 남들은 상상 못 한 독특한 모양의 비행기를 만들어 보고 싶지 않나요?

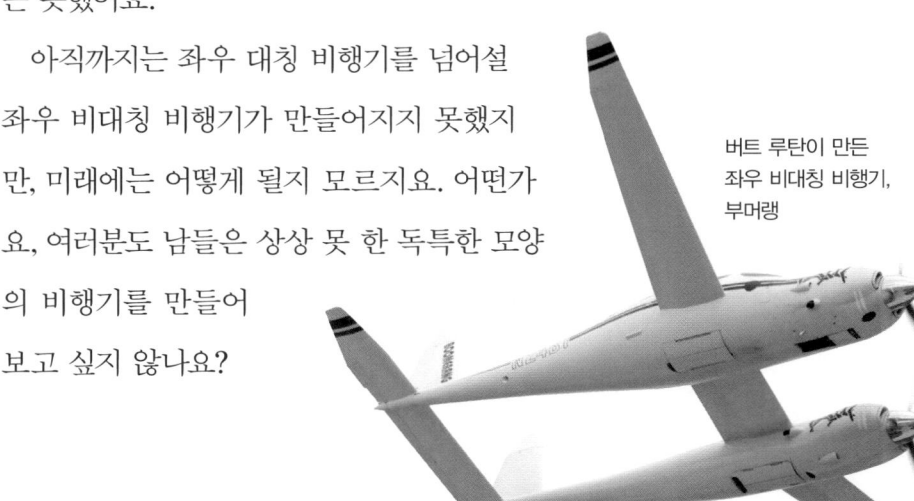

버트 루탄이 만든 좌우 비대칭 비행기, 부머랭

천재적 비행기 설계자, 버트 루탄

버트 루탄

버트 루탄은 미국의 비행기 설계자예요. 오늘날 가장 독특하고도 창의적인 비행기를 만드는 사람으로 손꼽히고 있지요. 그는 어릴 때부터 비행기 설계에 관심이 많았어요. 이미 여덟 살 때 자신만의 모형 비행기를 설계했고 실제로 만들어 날리기도 했어요. 그랬으니 대학에 진학해서는 자연스럽게 항공공학을 전공했지요.

버트 루탄은 직접 비행기 제작 회사를 세웠는데, 이 회사에서는 좌우 비대칭 비행기 외에도 여러 비행기를 개발했어요. 그중 보이저라는 비행기는 한 번도 착륙하지 않고 지구를 한 바퀴 돌아서 세계 최장 거리 최장 시간 비행 기록을 세운 것으로 유명해요. 뒤에서 살펴볼 스페이스십원과 화이트나이트도 이 회사에서 만들었지요.

버트 루탄이 개발한 비행기들

7부

비행기를 타고
우주까지 휙

비행기의 미래

미래에 우리는 어떤 새로운 비행기를 타게 될까요? 함께 상상해 봐요. 특히 미래에 비행기 조종사가 되고 싶다면, 또는 비행기 만드는 사람이 되고 싶다면 7부를 더욱 집중해서 읽어 보세요.

조종사가 되고 싶다면

전문적인 조종사가 되고 싶나요? 조종사를 직업으로 삼기 위해서는 일단 조종사 교육을 받아야겠지요. 그러자면 몇 가지 방법이 있어요. 대학을 졸업하고 비행 훈련원에 들어가는 것, 한국항공대학교 등에 있는 항공운항학과에 입학하는 것, 공군사관학교에 입학하는 것이 대표적이지요.

조종사 교육을 받았다고 바로 전문적인 조종사가 될 수 있는 것은 아니에요. 비행 경험도 많이 쌓아야 하고 여러 자격증도 따야 해요. 예를 들어, 여객기 조종사가 되려면 가장 최고 단계인 '운송용 조종사 자격증'이 있어야 하는데 그동안 비행한 시간이 1500시간 이상이 되어야 이 자격증 시험을 치를 자격이 주어져요.

많은 사람이 막연하게 '조종사가 하는 일은 조종간을 이리저리 움직여서 비행기를 뜨게 하고 방향을 바꾸는 것이 전부 아닌가'라고 생

각해요. 물론 그것도 중요한 일이지요. 하지만 조종사에게 무엇보다도 중요한 일은 비행기가 나는 동안 무언가 예상 못 한 상황이 생겼을 때 정확한 판단을 내리고 신속하게 대응하는 것이에요. 자동차는 달리다가 문제가 있으면 갓길에 세워 두고 천천히 원인을 찾으면 되지만 비행기는 그럴 수 없으니까요.

그래서 전문적인 조종사는 비행기라는 복잡한 기계의 원리에 대해 속속들이 꿰고 있어야 하지요. 항공공학은 물론이고 수학, 물리학, 전자기학, 컴퓨터공학, 기상학 등 여러 분야의 과학 지식까지 기본으로 알아야 하는 거예요.

외국어도 중요해요. 비행기는 대부분 외국에서 만들어지다 보니 설명서가 국제 공용어인 영어로 되어 있거든요. 관제탑과도 영어로 의사소통을 해야 하고요.

그러니까 조종사를 꿈꾸고 있는 어린이라면 지금 학교에서 배우고 있는 과목들을 열심히 공부하면 된답니다. 교과서에 있는 내용들이 곧 훌륭한 조종사가 되기 위한 기초 지식인 셈이니까요.

어린이도 비행기를 조종할 수 있을까?

초경량비행장치

아쉽지만 너무 어리면 아예 조종사 자격증 시험을 치를 자격이 주어지지 않아요. 다만, 초경량비행장치 조종사 자격증은 만 14세 이상이면 도전할 수 있어요. 몸체의 무게가 115킬로그램 이하인 1인승 비행기와 드론, 행글라이더, 패러글라이더 등이 초경량비행장치에 속해요. 그다음 단계인 경량항공기 조종사 자격증은 만 17세 이상이면 도전할 수 있고요. 이륙할 때 몸체, 연료, 조종사 등을 모두 합한 무게가 600킬로그램 이하이며, 2인승 이하이면 경량항공기로 분류돼요. 물론 이 자격증들 역시 나이가 된다고 무조건 주어지는 것이 아니라 교육도 받아야 하고 비행 경험도 쌓아야 하지요.

비행기 만드는 사람이 되고 싶다면

　종이비행기를 접어 멋지게 날리면 기분이 참 좋아요. 그러니 진짜 비행기를 만들고 나면 얼마나 뿌듯할까요. 내가 만든 비행기가 많은 사람을 태워 날아다니고 사람들의 생활에 도움을 준다면 굉장히 보람 있을 거예요.

　비행기를 만들려면 먼저 비행기의 종류부터 결정해야 해요. 사람을 태우는 여객기인지, 짐을 싣는 화물기인지, 전쟁에서 쓰이는 전투기인지, 사람이 전혀 타지 않는 무인기인지에 따라 비행기의 구조가 달라지거든요. 같은 여객기라도 국내에서 이동하는 소형 여객기인지, 대륙을 넘어 이동하는 대형 여객기인지에 따라 구조가 달라지고요. 전투기라면 적군보다 더 빨리 날아야 하고, 여객기라면 티켓 값이 쌀 수 있도록 연료가 적게 들어야겠지요.

　종류를 결정했다면 이제 본격적으로 비행기를 설계하고 제작해야지요. 비행기는 결코 혼자서 만들 수 없어요. 항공공학, 기계공학, 전기전자공학, 화학공학, 재료공학, 산업공학 등 다양한 분야의 과학자들이 힘을 합쳐야 해요. 과학자만 있다고 되는 것도 아니에요. 경제학자, 법률가, 디자이너 등도 필요하지요.

비행기 제작 회사에 있는 여러 팀들에 대해 알아볼까요? 어떤 팀이 어떤 일을 하는지 살펴보고 나에게는 어떤 팀이 맞을지도 생각해 보세요.

팀의 이름	하는 일
체계종합	비행기의 설계를 전체적으로 관리하고 결정해요.
공력설계	날개의 모양이나 크기 등 비행기의 바깥 모양과 관련된 부분을 설계해요. 연료가 적게 들면서도 잘 날 수 있도록 신경 써요.
구조설계	비행기를 이루는 구조물이 가볍고 튼튼하도록 설계해요. 비행기의 구조물이란 집에서 기둥이나 벽 같은 부분들이라고 생각하면 돼요.
추진설계	비행기의 엔진이 연료가 적게 들고 소음도 적게 나도록 설계해요.
제어설계	비행기를 조종하는 컴퓨터나 날개를 움직이는 장치를 설계해요.
서브시스템설계	비행기의 착륙 장치와 전자 장비를 설계해요.
제작	설계도에 따라 비행기나 부품을 만들어요.
시험평가	만들어진 비행기나 부품에 이상이 없는지 시험해요.
판매	비행기를 항공사나 공군 등에 팔아요. 어떤 비행기를 만들어야 더 잘 팔릴지, 만들어진 비행기를 어떻게 홍보해야 할지 고민해요.

항공우주과학자 Q&A

실제로 우리나라에서 비행기를 만들고 있는 항공우주과학자를 인터뷰해 볼까요? 이 책의 저자 중 한 분인 안석민 박사님의 이야기를 만나 보세요.

Q 항공우주과학자가 되고 싶었던 이유는 무엇인가요?

재미있을 것 같았거든요. 그리고 실제로 해 보니 정말 재미가 있어요. 물론 집중해서 고민을 하고 계산을 하다 보면 머리가 아플 때도 있어요. 하지만 그렇게 머리가 아픈 만큼 재미도 크답니다.

Q 항공우주과학자로서 어떤 일을 하시나요?

비행기를 포함해 여러 비행체를 설계하고, 만들고, 시험하는 일을 하지요. 시험 결과에 따라 설계를 수정하고, 다시 만들고, 또 시험하는 일이 반복되곤 해요. 말은 간단하지만, 무척 어려운 과정이에요. 예를 들어, 제가 팀원들과 함께 만든 4인승 비행기 반디호의 경우, 엔진을 10센티미터만 앞쪽이나 뒤쪽으로 달았다면 날지 못했을 거예요. 여러 번 수정을 하는 과정을 거쳤기에 정확한 위치를 잡을 수 있었지요.

Q 항공우주과학자로 일하며 가장 힘들 때는 언제인가요?

꼭 항공우주과학자만이 아니라 모든 연구자가 안고 있는 과제인데요, 맡은 프로젝트를 정해진 시간 안에 정해진 비용으로 해내야 하는 것이랍니다. 그런데 실제로 연구를 진행하다 보면 미처 예상하지 못한 문제가 툭 튀어나오는 경우가 종종 있어요. 그러면 자칫 시간과 비용을 훌쩍 초과하게 될 수도 있기 때문에 연구자들은 문제를 해결하기 위해 밤을 새워 가며 노력해요. 지나고 나면 이 또한 즐거운 추억이 되지요.

Q 그렇다면 가장 보람을 느낄 때는 언제인가요?

팀원들과 함께 고생해서 개발한 비행기가 첫 시험 비행에서 멋지게 하늘을 날 때랍니다. 시험 비행을 시작할 때는 조마조마해요. 그러다 비행기가 무사히 착륙하고 나면 굉장히 뿌듯하지요. 그리고 여러분 같은 어린 학생들이 "저도 비행기 만드는 사람이 되고 싶어요"라고 말할 때도 보람을 느끼고요.

Q 항공우주과학자가 되기 위해 갖추어야 할 자질은 무엇일까요?

공학의 기본은 수학과 과학이에요. 하지만 이러한 지식을 머릿속에 가지고 있는 것만으로는 부족해요. 항공우주과학자는 혼자 일하지 않고 팀 단위로 여럿이 모여 일하기 때문에 협동심도 갖추어야 해요. 즉, 다른 사람들의 의견에 귀를 기울이고, 함께 토론하고, 서로 용기를 북돋을 줄 알아야 한다는 뜻이에요.

Q 항공우주과학자로서 박사님의 최종 목표는 무엇인가요?

저는 항공우주연구원에서 일한 덕분에 정말 많은 경험을 했어요. 비행기를 개발하는 일을 처음부터 끝까지 다 해 볼 수 있었거든요. 지금까지 제가 경험한 것을 새로운 젊은 연구자들에게 잘 전달해서 앞으로 우리나라의 항공 기술이 더욱 발전하도록 돕고 싶어요.

서울에서 아침 식사를, 뉴욕에서 점심 식사를

　1960년대만 해도 서울에서 부산까지 다녀오려면 하루가 넘게 걸렸어요. 그러다 1970년 무렵 경부 고속 도로가 생기면서 '전국 일일 생활권'이라는 말이 나왔어요. 우리나라 어디든 하루 안에 다녀올 수 있다는 뜻이지요.

　인천에서 뉴욕행 비행기를 타면 가는 데만 열네 시간 정도 걸려요. 하지만 훨씬 더 빠른 비행기가 개발되면 '전 세계 일일 생활권'이라는 말이 나올지도 몰라요.

　오늘날 여객기의 속도는 0.8~0.9마하 정도예요. 음속보다 약간 느린 것이지요. 음속을 넘어서는 초음속 전투기는 많이 쓰이고 있지만 초음속 여객기는 찾아볼 수 없어요. 초음속 여객기를 만들기가 불가능한 것은 아니에요. 예전에 실제로 초음속 여객기가 이용된 적도 있었어요. 하지만 연료가 너무 많이 들고 소음이 너무 심해서 지금은 이용이 중단되었어요.

요즘은 초음속 여객기를 넘어서는 극초음속 여객기가 개발되고 있어요. 초음속 여객기가 음속보다 1.8배 정도 빠른 속도였다면 극초음속 여객기는 음속보다 최대 5~10배나 빠른 속도를 목표로 하고 있지요. 극초음속 여객기가 실현된다면 인천에서 뉴욕까지 두 시간 안에 갈 수 있을 거예요.

극초음속 여객기가 현실이 되기 위해서는 몇 가지 과제가 있어요. 그렇게 빠른 속도로 날면 열이 많이 발생하는데, 비행기 몸체가 이 열에 손상되지 않게 해야 해요. 또 초음속 비행기의 문제점이기도 했던 연료 비용과 소음이 너무 심하지 않도록 해야 하고요. 연료가 너무 많이 들면 비행기표 값이 지나치게 비싸지게 되고, 소음이 너무 크면 주위 환경에 나쁜 영향을 주니까요.

새로운 엔진도 달아야 해요. 여객기에 일반적으로 쓰이는 엔진으로는 극초음속을 내기가 불가능하거든요. 훨씬 더 강력한 힘을 낼 수 있는 스크램제트 엔진이라는 것이 필요하지요. 스크램제트 엔진은 한창 개발이 이루어지고 있어요. 시험 비행에 성공한 적도 있고요. 하지만 실제로 쓰이기 위해서는 아직 해결해야 할 문제가 많아요.

전문가들은 머지않은 미래에 극초음속 여객기가 등장할 거라고 예측하고 있어요. 그때가 되면 서울에서 아침을 먹고 뉴욕에 가서 점심을 먹는 것도 그저 평범한 일이 되겠지요.

초음속 여객기, 콩코드

비행기의 역사에서 유일하게 승객들을 실어 나른 초음속 여객기는 콩코드예요. 1970년대부터 본격적으로 쓰이기 시작해서 런던과 뉴욕, 파리와 뉴욕 사이를 오갔어요. 보통 여객기는 일곱 시간이 걸리는데 콩코드는 약 절반인 세 시간 20분밖에 안 걸렸어요. 하지만 콩코드는 소음이 너무 심했어요. 속도가 높아져 초음속에 접어들면 소닉붐이 일어났거든요. 더욱 큰 문제는 연료가 굉장히 많이 드는데 좌석 수는 100여 개뿐이라는 사실이었어요. 그러니 표 값이 무척 비쌀 수밖에요. 부자가 아닌 사람은 콩코드를 탈 엄두를 낼 수가 없었어요.

이런 단점 때문에 콩코드는 스무 대 정도만 생산되었어요. 게다가 2001년에는 몸체에 불이 붙으며 추락 사고를 일으키기도 했지요. 결국 이런저런 문제가 겹쳐 2003년에 콩코드는 이용이 중단되었어요. 지금은 박물관에서만 볼 수 있어요.

이륙하고 있는 콩코드

개인용 항공기가 있다면 교통 체증 걱정 끝!

차를 타고 가다 길이 막히면 참 답답하지요. 명절 때 고향에 가는 차가 몰려 고속 도로에서 옴짝달싹 못 하게 되면 또 어떻고요. 운전하는 부모님도 피곤하고 뒷자리에 앉아 있는 여러분도 지쳐요.

만약 집집마다 비행기가 있다면 어떨까요? 우리 집 앞에 자동차 대신 비행기가 놓여 있다면? 길이 막힐 염려 없이 집에서 목적지까지 바로 갈 수 있겠지요. 더구나 도로가 나 있는 곳으로만 가야 한다거나 신호등을 기다려야 할 필요가 없으니 훨씬 짧은 시간 안에 도착할 수 있을 거예요.

물론 지금도 어마어마한 부자들 중에는 자신만의 비행기를 가진 사람들도 있어요. 하지만 그들도 대부분 따로 마련된 비행장에 비행기를 두고 필요할 때마다 비행

장까지 가야 하지요. 아무리 작은 경량항공기라 해도 공중으로 뜨기 위해서는 긴 활주로가 필요하니까요. 비행기가 아니라 헬리콥터라면 괜찮지 않느냐고요? 헬리콥터는 수직으로 이륙하고 착륙할 수 있긴 해도, 날개가 너무 크고 소음도 심하기 때문에 주택가에서 타기에는 무리가 있어요.

보통 사람들도 편하게 이용할 수 있는 개인용 항공기라면 일단 너무 크지 않아야 하고, 제자리에서 수직으로 이륙하고 착륙하는 것이 가능해야 하고, 소음이 적어야 해요. 이런 항공기를 개발하기 위한 노력이 세계 여러 나라에서 경쟁적으로 이루어지고 있어요. 이륙하거나

착륙할 때는 회전 날개가 위를 향해 있다가 날아갈 때는 회전 날개가 앞으로 향해 있게 하는 기술, 회전 날개의 크기를 줄이고 대신 개수를 늘려서 소음을 줄이는 기술 등이 연구되고 있지요.

언젠가는 개인용 항공기 면허증을 따는 것이 자동차 운전면허증을 따는 것만큼이나 흔한 일이 될 거예요. 아니, 어쩌면 면허증이 전혀 필요 없을지도 몰라요. 개인용 항공기가 알아서 목적지를 찾아서 날아가는 기능을 갖추고 있다면 말이에요. 내 항공기에 타서 화면에 목적지만 입력하면 항공기가 알아서 척척 데려다주는 세상, 정말 가슴 설레지 않나요?

자동차가 하늘을 날 수 있을까?

혹시 이런 상상을 해 본 적 있나요? 자동차가 하늘을 난다면? 평소에는 보통 자동차처럼 도로 위를 달리다가 버튼을 누르면 날개가 펼쳐지면서 하늘로 날아오르는 것이지요.

이런 상상을 현실로 옮기려는 사람들이 있어요. 어떤 회사는 실제로 그런 자동차를 선보이기도 했고요. 하지만 이러한 자동차 겸 비행기는 역시나 긴 활주로가 필요하다는 단점이 있어요. 게다가 하늘을 날기 위해서는 몸체를 가벼운 재료로 만들어야 하는데 그랬다가는 도로에서 교통사고가 났을 때 운전자가 위험해질 수도 있어요. 그래서 요즘에는 자동차 겸 비행기를 개발하기보다는 수직으로 이륙과 착륙이 가능한 개인용 항공기를 개발하는 것이 더 주목받고 있지요.

자동차 겸 비행기인 테라퓨지아가 날개를 편 모습(왼쪽)과 날개를 접은 모습(오른쪽)

우주여행도 비행기로

　공상 과학 영화를 보면 주인공이 광활한 우주를 마음대로 다니며 이 행성에서 저 행성으로 오가곤 해요. 우리도 그렇게 비행기를 타고 우주를 여행할 수 있을까요?

　비행기는 공기의 힘을 이용해서 날아오르잖아요. 그런데 우주에는 지구와는 달리 공기가 없어요. 따라서 비행기가 우주에서 원하는 대로 방향을 바꿔 가며 여기저기 날아다니기 위해서는 완전히 새로운 방식이 필요해요. 그런 비행기는 아직 존재하지 않아요.

　우주에서 자유롭게 날아다니지는 못해도 지구에서 출발해 우주에 갔다 오는 정도라면, 그런 비행기는 개발되었어요. 미국 나사가 만든 우주 왕복선인 스페이스 셔틀도 일종의 비행기예요. 보통 비행기처럼 혼자서 이륙하지는 못하고, 큰 로켓에 실린 채 우주에 나가는 방식이에요. 지구로 돌아와 땅에 착륙할 때는 보통 비행기와 같은 방식으로

스페이스 셔틀

하고요.

　스페이스십원이라는 비행기도 있어요. 앞에서 살펴본 천재적 비행기 설계자 버트 루탄이 세운 비행기 제작 회사에서 만들었어요. 이 비행기는 일단 화이트나이트라는 또 다른 비행기에 매달린 채 올라가요. 그러다 약 15킬로미터 높이에 다다르면 화이트나이트와 분리되어 우주로 나아가요. 대개 100킬로미터 높이부터는 우주로 분류되는데, 스페이스십원은 이 방식으로 111.64킬로미터까지 올라갔다가 무사히 돌아오는 기록을 세웠어요.

　앞으로 개발될 우주 비행기는 보통 비행기처럼 땅에서 이륙하는 방식이 될 거예요. 이륙할 때는 제트 엔진을 이용하고 우주로 들어갈 때는 로켓 엔진을 이용하는 것이랍니다. 그렇게 되면 보통 사람들도 더 쉽게 우주에 갈 수 있을 거예요. 우주 관광 상품이 유행할지도 몰라요. 언젠가는 영화에서처럼 우주 비행기를 타고 자유롭게 우주를 여행할 날도 오겠지요?

스페이스십원과 화이트나이트

✈ 우주 비행기의 원리

❶ 제트 엔진을 이용해 하늘로 떠올라요.
❷ 로켓 엔진을 이용해 우주로 진입해요.
❸ 우주에서 임무를 수행해요. 우주를 관찰하는 것일 수도, 관광을 하는 것일 수도, 우주 정거장에 승무원을 데려다주는 것일 수도 있지요.
❹ 지구로 다시 진입해요.
❺ 땅에 착륙해요.

온 사방이 보이는 투명 비행기

미래에는 어떤 비행기가 만들어질까요? 어떤 독특한 비행기가 하늘을 날아다닐까요?

미국과 유럽의 비행기 제작 회사들이 미래의 비행기를 예측해 본 적이 있어요. 미래의 비행기는 날개가 그때그때 필요에 따라 다른 모양으로 바뀌고, 좌석도 승객의 몸에 맞추어 모양이 바뀔 거래요. 비행기 천장과 옆면이 투명해서 낮에는 구름을, 저녁에는 노을을, 밤에는 별을 훤히 볼 수 있을 거래요. 고소 공포증이 있어서 투명 비행기는 타기 싫다고요? 그런 사람에게는 투명하게 보이지 않도록 하는 장치도 달릴 거라고 하네요.

여러분도 마음대로 상상해 봐요. 여러분이 상상해 낸 기발한 비행기가 현실이 될 수도 있어요!

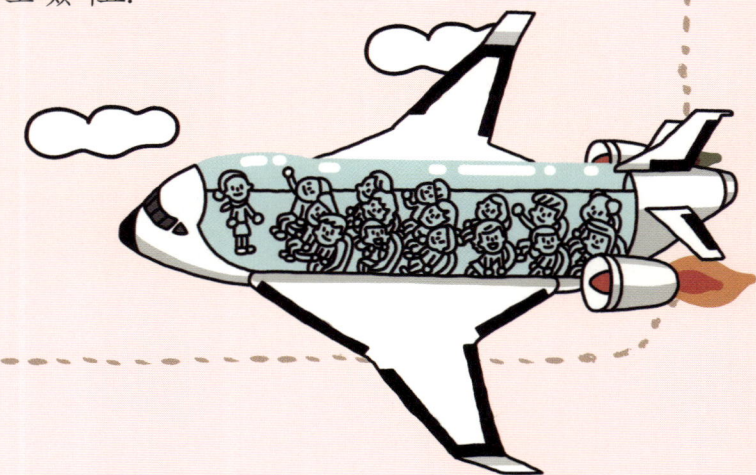

에어쇼에 가자!

비행기에 대해 더 알고 싶나요? 다양한 비행기를 한자리에서 만나고 싶나요? 새로운 비행기를 미리 살펴보고 싶나요? 그렇다면 에어쇼에 가 보세요.

에어쇼는 일종의 항공기 박람회예요. 에어쇼에서는 비행기를 포함해 여러 종류의 항공기를 가까이에서 직접 볼 수 있어요. 항공기에 올라타서 구경도 하고 사진도 찍을 수 있고요. 그뿐이 아니에요. 항공기와 관련된 최신 기술이나 장비도 만날 수 있어요. 항공기 분야의 많은 기업들이 에어쇼에서 신제품을 발표하곤 하거든요. 우리나라만이 아니라 외국의 기업들도 참여해요. 그래서 에어쇼는 볼거리가 무척 풍부하답니다.

우리나라에서 열리는 에어쇼 중에서 가장 규모가 큰 것은 서울 에어쇼예요. 정식 이름은 '서울 국제 항공우주 및 방위산업 전시회'지

서울 에어쇼

요. 홀수 해의 10월에 경기도 성남시의 서울공항에서 열려요. 우리나라 최대의 에어쇼답게 여객기부터 전투기까지 두루 볼 수 있어요.

경상남도 사천시의 사천비행장에서는 해마다 사천 에어쇼가 열려요. 정식 이름은 '경남 사천 항공우주 엑스포'예요. 사천시는 우리나라의 항공 관련 기업들이 많이 위치해 있는 곳이기도 해요.

주한 미국 공군 부대에서도 에어쇼를 해요. 경기도 평택시의 오산공군기지에서 열리는 '오산 에어파워데이'예요. 미군이 주최하는 것인 만큼 주로 전투기를 볼 수 있어요.

기회가 된다면 외국의 에어쇼에도 가 보면 좋겠지요. 세계적으로 유명한 에어쇼로는 프랑스의 파리 에어쇼, 영국의 판보로 에어쇼, 독일의 베를린 에어쇼가 있어요. 아시아에서는 중국의 주하이 에어쇼와 싱가포르의 싱가포르 에어쇼가 잘 알려져 있고요.

독특한 성격을 가진 에어쇼도 있어요. 미국 위스콘신주의 오슈코시라는 도시에서 열리는 에어쇼예요. 이 에어쇼에는 최첨단 비행기도 물론 있지만, 그 외에도 수천 명의 아마추어 비행기 제작자들이 손수 만든 비행기를 선보여요. 그중에는 1900년대 초반에 활약했던 전투기를 다시 만든 것도 있지요. 과거의 비행기들이 하늘을 덮는 모습이 장관을 연출한답니다. 비행기를 만드는 데 관심을 가진 사람이라면 한번쯤 꼭 가 보아야 할 에어쇼지요.

(위) 오슈코시 에어쇼의 모습
(아래) 2005년 오슈코시 에어쇼에서 반디호를 구경하는 사람들

블랙 이글스

에어쇼에 가면 볼 수 있는 것. 바로 멋진 곡예비행이지요. 여러 대의 비행기가 일사불란하게 움직이며 하늘을 배경으로 화려한 무늬를 그리는 모습이 감탄을 자아내요.

우리나라에서 열리는 에어쇼에서 곡예비행을 하는 비행기를 보았다면 그것은 십중팔구 블랙 이글스예요. 블랙 이글스는 곡예비행을 전문으로 하는 대한민국 공군 특수 비행팀이지요. 에어쇼 외에 어린이날, 현충일, 광복절 등 특별한 날에도 곡예비행을 선보여요. 블랙 이글스의 비행 일정은 공식 홈페이지(blackeagle.airforce.mil.kr)에서 확인할 수 있답니다.

곡예비행을 하는 블랙 이글스

 153쪽 질문의 답

A380에는 최대 약 850명이 탈 수 있어요. 하지만 실제 좌석 수는 이보다 적어요. 퍼스트 클래스 좌석과 비즈니스 클래스 좌석이 공간을 많이 차지하기 때문이지요. A380의 좌석 수는 항공사마다 조금씩 다른데 대체로 400~500개예요.

A380 153
An-225 152
EAV-3 165
F-117 157
F-15K 63
KC-100 28
KLA-100 28
KT-1 28, 29
Mil Mi-26 154
Mil V-12 154
S.E.5 22
T-50 28, 29
X-1 23
X-15 62, 63

경량항공기 61, 67, 68, 77, 111, 177, 188
고정익 항공기 34
곡예비행 44, 53, 198
관제탑 56, 88~90, 98~102, 107, 112, 176
극초음속 184, 185
글라이더 15, 17, 33, 34, 50, 51, 111, 177
까치호 27

나라온 28
나로호 36

다빈치, 레오나르도 14
다이달로스 12, 13, 160~161
대통령 전용기 148~150
드론 125, 126, 129, 136~145

라이트 형제 16~22, 26, 49, 159
레베이용호 15
레이다 23, 99, 155~158
롤 기동 44, 45
루프 기동 44, 45

마하 63, 183
멀티콥터 126, 136
몽골피에 형제 15

바이오 연료 77
반디호 27, 29, 180
방향키 41, 42, 57
버트 루탄 169~171, 192
벨루가 151, 152
보잉, 윌리엄 20
보잉747 76
보조동력장치 58, 59
부활호 26
블랙 이글스 198
블랙박스 117
비행장 등대 96
비행체 35, 36, 130~133, 180
빗놀이 40~42
빛총 100, 101

산소마스크 118~120
상반각 51
성층권 67, 165
소닉붐 64, 65, 186
수리온 28
슈퍼 구피 151, 152
스마트 무인기 28, 127, 128

스크램제트 엔진 185
스텔스 23, 156~158
스페이스 셔틀 191, 192
스페이스십원 170, 192
스피트파이어 22
승강키 41, 42, 57
시코르스키, 이고르 49
쌍발복합재료항공기 27

양력 37, 38
에어쇼 195~197
에일러론 40, 41, 44, 45, 57
여압 장치 79
역추진장치 43
열기구 15, 33
옆놀이 40, 41
6·25 전쟁 26, 49
음속 61~65, 183, 184
이카로스 12, 13
인공위성 94, 95, 134, 135

전파 등대 93~96
정전기 방지 장치 108, 109

제트 기류 69
제트 엔진 22, 57~60, 63, 67, 68, 192, 193
조지, 케일리 15
종이비행기 33, 50~53, 167, 178
지상체 130~133
지-수트 24, 25

초경량비행장치 177
초음속 23, 183, 184, 186

콜 사인 102
콩코드 186
퀸 비 129
키놀이 40~42

타이어 90, 91
탄소 복합재 70~72
토잉카 88, 89
트랜스폰더 100, 101

프레데터 125, 126
플랩 38, 57, 90

한국항공우주연구원 26~28, 115, 162, 165, 182
항공로 92, 125
항공 박물관 16
항공 지도 92, 93
허드슨강의 기적 112, 113
헬리콥터 14, 28, 34, 46~49, 68, 97, 112, 127, 128, 136, 137, 140, 150, 154, 188
화이트 나이트 170, 192
환경 조절 장치 78, 79, 81
회전익 항공기 34, 68
휘틀, 프랭크 60

이미지 제공 및 출처

14쪽
Luc Viatour / wiki commons

15쪽
wiki commons

18쪽 위
wiki commons

18쪽 아래
wiki commons

19쪽
John T. Daniels / wiki commons

20쪽
Los Angeles Times / wiki commons

22쪽 위
TSRL / wiki commons

22쪽 아래
Chowells / wiki commons

23쪽
USAF / wiki commons

27쪽 위 왼쪽
한국항공우주연구원

27쪽 위 오른쪽
한국항공우주연구원

27쪽 아래
한국항공우주연구원

28쪽 위
한국항공우주산업 / wiki commons

28쪽 아래
한국항공우주연구원

29쪽 위
Galeria del Ministerio de Defensa del Perú / wiki commons

29쪽 아래
한국항공우주산업 / wiki commons

36쪽
한국항공우주연구원

42쪽 위 왼쪽
Robert Frola / wiki commons

42쪽 위 오른쪽
Vitaly V. Kuzmin / wiki commons

42쪽 아래 왼쪽
Artem Katranzhi / wiki commons

42쪽 아래 오른쪽
Joao Carlos Medau / wiki commons

43쪽
Adrian Pingstone / wiki commons

48쪽 왼쪽
서울특별시 소방재난본부 / wiki commons

48쪽 가운데
Master Sgt. David Loeffler / wiki commons

48쪽 오른쪽
Afghanistan Matters / wiki commons

49쪽 왼쪽
U.S. Coast Guard / wiki commons

49쪽 오른쪽
Sgt. Robert E. Kiser, USMC / wiki commons

57쪽
terimakasih0 / pixabay

58쪽
Olivier Cleynen / wiki commons

63쪽
NASA

71쪽
Simon.white.1000 / wiki commons

73쪽
Trepel Airport Equipment / wiki commons

77쪽
United Soybean Board / wiki commons

79쪽
Wsombeck / wiki commons

83쪽
Kristoferb / wiki commons

89쪽
Roland Kemer / wiki commons

90쪽 왼쪽
한국항공우주연구원

90쪽 오른쪽
Julian Herzog / wiki commons

93쪽
한국항공우주과학연구소

95쪽
Romaine / wiki commons

96쪽
Ruff tuff cream puff

97쪽
Javier Rodríguez / wiki commons

99쪽
Robert Linsdell / wiki commons

108쪽 왼쪽
Till Niermann / wiki commons

108쪽 오른쪽
John Taggart / wiki commons

115쪽 왼쪽
한국항공우주연구원

115쪽 오른쪽
한국항공우주연구원

117쪽
wiki commons

125쪽
U.S. Air Force photo / Lt Col Leslie Pratt / wiki commons

127쪽 위
한국항공우주연구원

127쪽 중간
한국항공우주연구원

127쪽 아래
한국항공우주연구원

128쪽 왼쪽
한국항공우주연구원

128쪽 오른쪽
한국항공우주연구원

129쪽
War Office official photographer, Horton (Capt) / wiki commons

132쪽
SAC Andrew Morris / wiki commons

137쪽 왼쪽
한국항공우주연구원

137쪽 오른쪽
Johnescalade / wiki commons

151쪽 왼쪽
NASA

151쪽 오른쪽
Laurent ERRERA / wiki commons

205

152쪽
Felix Goetting / wiki commons

153쪽 왼쪽
byeangel / wiki commons

153쪽 오른쪽
John Taggart / wiki commons

154쪽 왼쪽
AviaWiki / wiki commons

154쪽 오른쪽
Мешков Георгий / wiki commons

157쪽
U.S. Air Force photo by Staff Sgt. Derrick C. Goode / wiki commons

158쪽
U.S. Navy photo by (RELEASED) Photographer's Mate 1st Class David A. Levy / wiki commons

162쪽 왼쪽
한국항공우주연구원

162쪽 오른쪽
한국항공우주연구원

165쪽
한국항공우주연구원

166쪽
Milko Vuille / wiki commons

168쪽 위
FaceMePLS / wiki commons

168쪽 아래
NASA

169쪽
Ken Mist / wiki commons

171쪽 위
wiki commons

171쪽 아래 왼쪽
NASA

171쪽 아래 오른쪽
NASA

177쪽
Evgeniy Bichev / wiki commons

186쪽
spaceaero2 / wiki commons

190쪽 왼쪽
LotPro Cars / wiki commons

190쪽 오른쪽
LotPro Cars / wiki commons

192쪽 위
Don Ramey Logan / wiki commons

192쪽 아래
NASA

196쪽 위
대한민국 국군 / wiki commons

196쪽 아래 왼쪽
Metalslug200 / wiki commons

196쪽 아래 오른쪽
Jerry Gunner / wiki commons

197쪽
한국항공우주연구원

198쪽 왼쪽
Capt. Raymond Geoffroy / Pacific Air Forces Public Affai / wiki commons

198쪽 오른쪽
대한민국 국군 / wiki commons

항공우주과학자가 들려주는
비행기의 모든 것

1판 1쇄 발행 | 2019년 4월 5일
1판 8쇄 발행 | 2024년 6월 3일

지은이 안석민, 구삼옥, 권기정 | **그린이** 홍원표
펴낸이 박철준 | **편집** 신지원, 정미리 | **디자인** 디자인서가
펴낸곳 찰리북 | **주소** 서울시 마포구 동교로18길 33, 201 (서교동, 그린홈)
전화 02)325-6743 | **팩스** 02)324-6743 | **전자우편** charliebook@gmail.com
출판등록 2008년 7월 23일(제313-2008-115호)

ISBN 978-89-94368-95-5 73400

- 파본은 구입하신 곳에서 바꾸어 드립니다.
- 이 도서의 국립중앙도서관 출판예정도서목록(CIP)은 서지정보유통지원시스템 홈페이지 (http://seoji.nl.go.kr)와 국가자료공동목록시스템(http://www.nl.go.kr/kolisnet)에서 이용하실 수 있습니다.(CIP제어번호 : CIP2018036042)

ⓘ 찰리북 블로그에서
독후활동지를 내려받으세요!

어린이제품안전특별법에 의한 제품 표시	
제조사명 찰리북	전화번호 02-325-6743
제조국명 대한민국	주 소 서울시 마포구 동교로18길
사용연령 만 10세 이상 어린이 제품	33, 201(서교동, 그린홈)